초대 조선 대목구장 브뤼기에르 주교 전기

영원히 머물 것처럼
곧 떠날 것처럼

ORIGINAL PUBLICATION IN FRANCE:
Monseigneur BARTHÉLEMY BRUGUIÈRE
du Diocèse de Carcassonne
des Missions Etrangères de Paris,
(1792-1835)

ⓒ Missions Etrangères de Paris, 1938, written by Abbé J.-Camille BOURDONCLE,
Curé de Pezens(Aude)

Imprint: Moderne de Chartres, 1938. All rights reserved.

초대 조선 대목구장 브뤼기에르 주교 전기
영원히 머물 것처럼
곧 떠날 것처럼

교회 인가 | 2024년 10월 22일
1판 1쇄 | 2024년 12월 8일

글쓴이 | 카미유 부르동클
옮긴이 | 연숙진
감　수 | 허보록
펴낸이 | 김사비나
펴낸곳 | 생활성서사
편집인 | 윤혜원　**디자인 자문** | 이창우, 최종태, 황순선
편집장 | 박효주　**편집** | 안광혁, 김병우, 이광형
디자인 | 강지원　**제작** | 유재숙　**마케팅** | 노경진　**온라인 홍보** | 박수연
등　록 | 제78호(1983. 4. 13.)
주　소 | 서울특별시 강북구 덕릉로42길 57-4
편　집 | 02)945-5984
영　업 | 02)945-5987
팩　스 | 02)945-5988
온라인 | 신한은행 980-03-000121 재) 까리따스수녀회 생활성서사
인터넷 서점 | www.biblelife.co.kr
가톨릭 교회의 모든 도서는 '생활성서사' 인터넷 서점에서 만나실 수 있습니다.

ISBN 978-89-8481-686-2 03230
책값은 뒤표지에 있습니다.

한국어판 ⓒ 천주교 서울대교구 순교자현양위원회, 2024.
이 책은 저작권법에 의해 보호를 받는 저작물이므로 무단 복제를 금합니다.

초대 조선 대목구장 브뤼기에르 주교 전기

영원히 머물 것처럼
곧 떠날 것처럼

글쓴이 **카미유 부르동클** / 옮긴이 **연숙진**

"그럼, 길을 하나
　　　만들어야지요."

| 추천사 |

『브뤼기에르 주교 전기』의 번역서 발간을 축하하며

    브뤼기에르 주교님의 삶과 신앙을 담은 전기의 프랑스어 원전이 이번에 한글로 번역·출간된 것을 진심으로 축하드립니다. 이 책은 단순한 번역서를 넘어, 조선 복음화를 위해 온 삶을 바치신 주교님의 발자취를 깊이 새기게 하는 소중한 자료입니다.

    브뤼기에르 주교님께서는 수많은 고난과 갈등 속에서도 조선 복음화를 향한 열정으로 모든 어려움을 이겨 내셨고, 미지의 땅에서 스스로 길을 개척하며 주님의 사랑을 실천하셨습니다. 그의 삶과 사명은 오늘날 우리 교회가 본받아야 할 신앙의 귀감입니다.

    이번 번역서는 오랜 시간 제한적으로만 알려졌던 원전의 내용을 이제 신자들과 널리 나눌 수 있게 했다는 점에서 특별한 의미

가 있습니다. 이 귀한 작업을 위해 힘써 주신 순교자현양위원회와 생활성서사의 노고에 깊이 감사드립니다.

초대 조선 교구장이신 브뤼기에르 주교님은 한국 천주교회의 불씨가 되셨고, 그분의 헌신으로 이어진 복음화의 불꽃이 제2대 교구장 성 앵베르 주교, 제4대 교구장 성 베르뇌 주교, 제5대 교구장 성 다블뤼 주교의 순교로 계승되었습니다.

비록 늦었지만, 브뤼기에르 주교님의 시복이 본격적으로 추진되고 있는 것은 감사드리고 기뻐할 일입니다. 1835년 마가자에서 선종하신 지 187년 만인 2022년 10월, 한국천주교주교회의는 만장일치로 서울대교구 주관의 시복 추진을 승인하였고, 2023년

1월 교황청도 시복 재판 관할권을 서울대교구로 이전하는 요청을 승인했습니다. 이어 같은 해 교황청의 조사에서도 시복 추진에 장애가 없음을 확인받았으며, 최근에는 교구 단계에서 예비 심사의 개정 준비를 마쳤습니다.

이 책이 브뤼기에르 주교님의 헌신과 신앙을 깊이 묵상하는 계기가 되기를 바라며, 나아가 우리의 신앙을 새롭게 다지고 복음화의 길을 더욱 굳건히 걷는 데 큰 영감을 주기를 소망합니다.

주님의 은총과 평화가 이번 발간에 함께해 주신 모든 분들과 이 책을 접하는 모든 이에게 가득하기를 기도드립니다.

성 프란치스코 하비에르 사제 기념일에
천주교 서울대교구
교구장 **정순택** 베드로 대주교

✝ 정순택

| 발간사 |

『브뤼기에르 주교 전기』의
번역서를 발간하며

    브뤼기에르 주교님은 초대 조선 대목구장으로서 한국 천주교회 역사에 큰 발자취를 남기신 분입니다. 1831년 우리 교회가 조선 대목구로 설정되고, 파리외방전교회가 조선 선교지를 맡는 과정에서도 주교님은 결정적 역할을 하셨습니다. 그러나 오랜 세월 그의 업적은 잊혔습니다. 이에 서울대교구 순교자현양위원회는 『브뤼기에르 주교 전기』의 번역서인 『영원히 머물 것처럼 곧 떠날 것처럼』을 발간하며 그의 생애와 덕행을 다시금 마음에 새기고자 합니다.

    이 책에는 주교님의 생애와 사도적 열정이 오롯이 담겨 있습니다.

첫째, 조선을 향한 꿈의 시작

    프랑스에서 소신학교에 다니던 시절부터 주교님은 조선 선교의 꿈을 품고 계셨습니다. 그 꿈은 더 먼 곳으로 복음을 전하고자 하는 소명이었으며, 파리외방전교회에 입회한 것도 복음화의 부름에 대한 사제로서의 응답이었습니다.

둘째, 첫 부임지에서의 열망

첫 부임지인 시암(현 태국)에서 보좌 주교로 사목하는 동안에도 조선을 향한 열망은 사그라들지 않았습니다. 결단의 순간, 주교님은 "제가 가겠습니다."라는 말로 그 길에 대한 확고한 의지를 드러내며 조선을 향해 나아갔습니다.

셋째, 한국 천주교회의 초석이 된 헌신

주교님은 방인 사제를 양성하기 위해 요동 지역에 조선 신학교를 세우고자 했으며 조선이 북경 교구로부터 독립하여 조선 대목구로 설정되는 데 기여했습니다. 그의 헌신은 한국 천주교회의 든든한 초석이 되었고 그가 남긴 유산은 여전히 한국 천주교회 안에서 살아 숨 쉬고 있습니다.

프랑스어 원전을 번역한 이 책은 주교님의 어린 시절부터 선종과 유해 이송에 이르는 일대기를 종합적으로 다루고 있습니다. 기존에 출간된 여행기와 서한집이 사목 활동에 중점을 둔 것과 달리, 이번 전기는 주교님의 전 생애를 아우르며 그 삶을 더 깊이 이해하는 기회를 제공합니다.

이 번역서가 세상에 나오기까지 힘써 주신 연숙진 선생님과 허보록 신부님 그리고 이 원전을 집필한 부르동클Bourdoncle 신부님께 감사드립니다. 아울러 순교자현양위원회 부위원장 원종현 야고보 신부님과 모든 직원들 그리고 생활성서사 편집진께도 깊은 고마움을 표합니다.

이 책이 브뤼기에르 주교님의 생애와 신앙을 기억하는 이정표가 되길 바라며, 그의 시복·시성 과정에 유용한 자료로 활용되기를 기원합니다.

성 프란치스코 하비에르 사제 기념일에
천주교 서울대교구 순교자현양위원회
위원장 **구요비** 욥 주교

구 요 비

차 례

추천사   4
발간사   7

1부   출생에서 파리외방전교회로 떠나기까지

브뤼기에르 주교의 외모와 성품   14
갑사의 주교, 브뤼기에르 주교의 문장 소개   16
브뤼기에르 주교의 출생 - 날짜와 장소와 본당   17
중등 교육 과정   25
카르카손 대신학교 입학   26
카르카손 소신학교 교사   29
사제, 대신학교 교수 그리고 참사회원이 되다   31
파리외방전교회에 들어가다   34

2부   보르도에서 마카오까지의 여정

파리외방전교회 신학교에서   48
아시아 선교지로 떠나다   51
마카오에 도착하다   70

3부   시암 선교사

페낭에서의 활동   82
방콕을 향하여, 육로를 통한 선교 여행   90
마침내 방콕   100

4부 시암 대목구의 보좌 주교

시암 대목구의 보좌 주교가 되다	120
주교 서품식	125
브뤼기에르 주교의 사목 여행	136
싱가포르에 도착하다	139
페낭에서의 사목 활동	141
인근 교우촌 사목 방문	151

5부 조선을 향한 여정 – 브뤼기에르 주교의 중국 여정

조선 대목구장으로 임명되다	156
마닐라 체류	160
마카오를 지나 복안으로	163
강서에서	172
강남에서	176
절강에서 강소로	186
산동 지방	189
산서에서	200

6부 브뤼기에르 주교의 선종

달단으로 떠나다	210
서만자에서	214
조선을 향한 마지막 여정	223
브뤼기에르 주교의 선종	229
사후 96년 만의 조선 입국	232
고향 레삭도드에서 거행된 추모 미사	239

역주譯註	244

❝ 아주 어릴 때부터
조선 선교지에 관하여 들었습니다.
그 가엾은 신입 교우들이
버려진 상태에 있다는 것을 알게 되자,
제게는 그들과 동행하고자 하는
커다란 갈망이 일었습니다. ❞

일러 두기
1. 본문의 소괄호 ( )는 원서의 표기를 따른 것이며,
    대괄호 [ ]는 독자의 이해를 돕기 위해 역자가 추가한 내용입니다.
2. 본문에 인용한 날짜, 인명, 지명은 원서를 따랐습니다.

1부

출생에서 파리외방전교회로 떠나기까지

브뤼기에르 주교의 외모와 성품

갑사의 주교, 브뤼기에르 주교의 문장 소개

브뤼기에르 주교의 출생 - 날짜와 장소와 본당

중등 교육 과정

카르카손 대신학교 입학

카르카손 소신학교 교사

사제, 대신학교 교수 그리고 참사회원이 되다

파리외방전교회에 들어가다

브뤼기에르 주교의 외모와 성품

브뤼기에르를 그린 초상화는 전해지지 않는다. 다만 그의 어린 시절 친구들은 그의 모습을 이렇게 기억했다. "키는 평균보다 작았고, 체격은 호리호리한 편이었다. 머리는 금발이었고, 검게 그을린 피부를 지녔다." 그의 눈동자는 파란색이었다. 이는 중국에서 머물기에 대단히 위험한 외모였다. 파란 눈의 중국인은 없었기에, 그의 이방인 신분이 드러나면 목숨을 잃을 수도 있었다. 또한 그가 가톨릭 사제이자 선교사라는 사실이 밝혀진다면, 중국의 그리스도인들에게 유혈 박해를 초래할 수도 있었다. 한편 브뤼기에르 주교는 허약 체질인 자신이 중국의 기후 속에서 18개월을 지내기는 어려울 것 같다고 토로했다.

그는 뛰어난 지력과 양식 그리고 뜨거운 열정을 지닌 성품을 타고났다. 믿기 힘든 에너지와 독립적인 성격을 지녔던 그를 두고 장상은 이렇게 말했다. "혹여 그가 주교가 된다면, 그의 표어는 '사람들이 어떻게 생각하고 뭐라고 말하든, 나는 전진할 것이다!' 가 될 걸세."

그는 극단적인 금육 생활을 했다. 파리외방전교회로 떠나기 전, 카르카손 대신학교에서 보낸 마지막 해에 그는 빵과 물만 먹으며 지냈다. 사도직을 수행하면서도 신자들과 외교인들에게 하늘 나라의 은총과 축복을 선사하기 위해 금육을 계속했고, 그를 만나는 이들은 이에 크게 감화되었다.

그는 온갖 희생을 감수하며 가장 힘든 일에 솔선수범했고, 그 어떤 고통과 위험도 하느님의 섭리로 주어지는 것이라며 달게 받았다. 그에게 중요한 것은 오직 하느님의 섭리뿐이었다.

갑사의 주교, 브뤼기에르 주교의 문장 소개

쪽빛 들판의 배경에 빛나는 라틴 십자가에는 작은 십자가와 '예수IHΣΟΥΣ'의 첫 글자인 'IHS'가 새겨져 있고, 십자가 양옆에는 성모 마리아의 '합자슴㉾'인 'MA'와 배가 나란히 그려져 있다. 파리외방전교회의 머리글자인 'ME' 위에는 작은 십자가가 새겨져 있고, 그 아래에는 주교의 사목 표어인 "가서 모든 민족들을 가르쳐라Euntes docete omnes gentes"가 적혀 있다.

그는 영혼들, 특히 외교인을 구원하시는 하느님의 뜻을 이루고자 했다. 그 길이 어떠한 희생을 요구한다 해도, 심지어 순교에 이르는 길이라 해도 그 길을 갈망했다. 그것은 그의 이상이었다.

브뤼기에르 주교의 출생 – 날짜와 장소와 본당

브뤼기에르는 프랑스 대혁명 직후 혼란과 폭력이 극심했던 1792년에 태어났다. 그가 태어난 2월 12일은 바르셀로나의 동정 순교자로 나르본Narbonne 교구에서도 공경하는 에울랄리아Eulalie 성인의 축일이었다.

그는 나르본의 작은 마을 레삭도드Raissac-d'Aude에서 태어났다. 19세기 초 이 마을에는 56가구, 280명의 주민이 로마네스크 양식의 작고 오래된 성당을 중심으로 모여 살았다. 이 성당은 60여 년 전에 자리를 옮겨 재건축하면서 기존의 자재를 그대로 사용해 동일한 규모로 지어졌기에, 그사이 두 배로 늘어난 주민들을 수용하기에 매우 비좁았다.

레삭의 가옥은 더욱 많아졌고 더욱 아름다워졌다. 멋진 풍광과 우거진 나무들, 매력적인 정원에 둘러싸인 가옥들은 초록색 둥지 안에 자리를 잡은 것처럼 보였다. 매우 비옥하고 드넓은 평야 한가운데 자리 잡은 이곳의 주민들은 농업, 특히 포도 재배로 놀라운 수익을 거두고 있었다. 오드Aude강과 오르비유Orbieu강 사이에 자리 잡은 레삭은 농업에 유리한 고장이었다. 거기에 주르Jourre강에서 갈라져 나온 작은 지류가 레삭을 가로질렀다. 이러한 환경으로 인해 강물이 자주 범람해 도시 전체가 뒤덮이기도 했지만, 비옥한 충적토가 쌓여 토양이 윤택해지기도 했다.

끝없이 펼쳐진 지평선은 인근 마을들을 지나 몽따뉴누아르Montagne Noire와 코르비에르Corbières, 클라프Clappe산맥에까지 닿아 있다. 이런 풍경들을 바라보며 자란 브뤼기에르는 선교사가 되어 아시아의 산들로 복음을 전하러 가는 자신의 모습을 마음속에 그려 보았으리라.

브뤼기에르 가족은 성당 근처에서 살았다. 그곳은 브뤼기에르가 살던 당시에는 훨씬 아늑했었다. 이전에는 성벽의 일부였던 그의 집을 도로를 향해 나 있는 문으로 들어가면 아담한 뜰이 보인다. 뜰의 왼편에는 양을 키우던 우리가 있고, 오른편에는 우리의 영웅이 유년 시절을 보냈던 집이 있다. 브뤼기에르는 파리외방전교회로 떠나기 전까지 이곳으로 내려와 방학을 보냈을 것이다. 지금 브뤼기에르의 후손은 레삭에 살지 않는다. 현재 집주인은 이 집을 창고처럼 쓰고 있다.

가톨릭 신심이 매우 각별한 지역인 레삭도드는 많은 성인을 배출한 곳이기도 하다. 그 성인들은 지금도 이곳 레삭도드를 영광스럽게 지켜 주고 있다.

레삭도드에서 동쪽으로 10여 킬로미터 떨어진 곳에 위치한 나르본시市 출신의 주교들에는 폴 세르주Paul Serge 성인, 뤼스티크Rustique 성인, 테오다르도Théodard 성인, 훗날 클레멘스 4세 교황이 되는 기 풀크Gui Foulques 주교가 있다. 서쪽으로 같은 거리만큼 떨어진 곳에는 레지냥레릴리지오즈Lézignan-les-Religieuses가 있다. 프랑스 왕족인 복자 본느 다르마냑Bonne d'Armagnac은 이곳 클라리스 공동체 출신이다. 그 옆 마을이자 레삭도드에서 18킬로미터 떨어진 퐁쿠베르트Fontcouverte 마을은 장프랑수아 레지스Jean-François Régis 성인이 태어난 곳이다. 레지스 성인은 비바레Vivarais의 사도요 시골 선교단의 수호성인이다. 비슷한 거리만큼 남쪽으로 떨어진 퐁프와드Fontfroide 수도원은 예전에 많은 성인 수도자들이 나온 곳인데, 대표적으로 알비파에 의해 순교한 카스틀노

Castelnau의 베드로 성인이 있다.

서남쪽으로 14킬로미터 떨어진 부트낙Boutenac은 시메온 주교 성인이 태어난 곳이다. 시메온 주교는 피네드Pinède의 은수처에서 한 기도와 고행으로 시성되었다. 북쪽으로 6킬로미터 떨어진 지네스타Ginestas 출신 복자 프랑수아 부스케François Bousquet는 브뤼기에르 주교가 태어났을 때 프랑스 대혁명 과정에서 영광스럽게 순교한 순교자들 중 한 사람으로 알려져 있었다.

나르본 지역의 주민들은 성모 신심이 깊었다. 그 지역에는 성모님 관련 경당과 성지, 성상들이 많았다. 이러한 환경에서 자란 우리의 선교사 브뤼기에르도 마음속으로 성모 마리아를 매우 사랑하며 자랐다.

이러한 종교적 환경과 깊은 신앙심을 지닌 가족들이 보여 준 귀감은 브뤼기에르의 성품에 많은 영향을 미쳤을 것이다. 그의 아버지 프랑수아는 토지를 소유한 지주이자 경작자로 많은 이들의 존경을 받았다. 그는 어느 정도 유복한 환경에서 많은 식구들을 부양하면서 가족을 위해 아낌없이 헌신할 수 있었다.

네비앙Névian으로도 불리는 플뢰리도드Fleury-d'Aude 출신인 브뤼기에르의 어머니는 마흔두 살에 그를 낳았다. 브뤼기에르는 열한 자녀 중 막내였다. 그는 언젠가 이를 두고 사랑하는 어머니에게 편지를 썼다. "어머니께는 아직 열 명의 자녀가 남아 있으니, 열한 번째인 저를 선하신 하느님께 기꺼이 드릴 수 있으시겠죠."

브뤼기에르가 세례를 받은 본당은 바르톨로메오 성인에게 봉헌된 성당이었다. 그의 이름도 성인의 이름을 따라 바르텔레미 Barthélemy로 지어졌다. 공교롭게도 바르톨로메오 성인은 아시아의 복음화를 맡았던 사도였다. 1,800년 후, 성인의 이름을 이어받은 브뤼기에르 주교 역시 아시아의 복음화를 위해 헌신했다.

바르톨로메오 성인에 대한 신심에 더해 프란치스코 하비에르 성인을 공경한 브뤼기에르는 장차 극동 아시아에서 성인의 발자취를 따르겠노라 자청할 것이다.

브뤼기에르가 가톨릭 신앙을 배우고 교육을 받은 곳도 같은 성당이었다. 그는 그곳에서 모든 종류의 덕행을 익혔으며, 아기 예수님을 본받아 하느님 아버지의 일에 전념했다. 브뤼기에르는 일찍부터 영혼의 구원을 마음에 두었고, 훗날 그가 편지에서 밝혔던 것처럼 이때부터 조선의 복음화를 위해 헌신하겠다는 결심을 품고 있었다. 그처럼 어린 나이에, 거의 알려지지도 않았던 조선이라는 나라에 대해 어떻게 그런 생각을 품을 수 있었는지 참으로 놀랍기만 하다. 그러나 브뤼기에르는 이를 저항할 수 없는 인력引力으로 받아들였다. 이는 오로지 한 영혼에게 그렇게 예비하고 준비하도록 당신의 거룩한 계획을 불어넣으신 하느님의 뜻으로밖에는 달리 설명할 길이 없다.

그의 마음 안에는 일찍부터 숭고한 선교 소명이 자리하고 있었다. 브뤼기에르는 오직 하느님의 부르심에 응답함으로써 참평화와 안정, 참기쁨을 발견할 수 있다는 확신으로 온갖 어려움을 극복하면서 소명을 따를 것이다.

훗날 그가 한낱 어린아이 같은 "자신에게는 끝까지 마무리를 잘 지을 능력이 없다고 느낀 방대한 계획"이라 표현한 조선 선교지의 설립에 대해 어떻게 그처럼 대단한 용기를 지닐 수 있었는지 놀랍기만 하다. 그가 프랑스 대혁명의 시기를 겪었다는 점에서 어쩌면 그 이해의 단초를 찾아볼 수도 있을 것이다. 1789년의 프랑스 대혁명은 프랑스의 가톨릭 신앙인들에게 끔찍한 박해를 불러일으켰다. 집안 식구들과 마을 사람들에게 대혁명 당시 종교적 의무를 용감하게 이행하고 목숨을 바친 훌륭한 사제들과 용감한 평신도들의 영웅적인 행동과 고통에 관한 이야기를 들은 브뤼기에르는 그들에게 강렬하고 깊은 인상을 받았을 것이다. 잔혹한 혁명이 초래한 수많은 위험을 모면한 그의 선량한 부모와 본당 주임 신부 그리고 이웃과 친구들이 그에게 들려준 이야기들은 얼마나 용감하고 놀라웠던가!

브뤼기에르에게 깊은 인상을 남긴 이러한 이야기들은 그의 영혼에 불을 붙이고, 그의 마음을 단련시켜 그들과 같은 신앙의 수호자들을 기대하던 이 종교(가톨릭)를 위해 스스로를 헌신하고 봉헌하겠다는 강한 의지를 갖게 했다. 이러한 결심은 단순히 적대자를 향한 분노에 그치지 않고, 오히려 피로 물든 오랜 시련을 겪으면서 한층 커져 갔다.

따라서 젊은 바르텔레미(브뤼기에르)가 깊은 신심과 순명, 일에 대한 사랑과 같은 덕목에서 일찍부터 두각을 나타냈다는 것은 놀라운 일이 아니다. 특히 그에게서 볼 수 있었던 가장 놀라운 면모는 대단한 신심과 넘치는 의지였다. 나중에 그가 직접 글로 쓴 것처럼, 이미 이때부터 그에게는 외교인들 속에서 사도직을 펴겠다는 갈망이 움트고 있었다.

"제가 아직 프랑스에 있던 아주 어릴 때부터 조선 선교지에 관하여 들었습니다. 그 가엾은 신입 교우들이 버려진 상태에 있다는 것을 알게 되자, 제게는 그들과 동행하고자 하는 커다란 갈망이 일었습니다."

그가 이러한 희생의 삶을 예비할 수 있었던 것은, 그의 집안에 필요한 모든 것이 있었기 때문이다. 그의 집안은 대혁명과 그로 인한 잔인한 박해로 시련을 겪은 신앙심 깊은 그리스도인 가정이었다. 고된 밭일에 익숙한 농사꾼의 집안이었으며, 대가족 (그는 열한 번째 자녀였다.) 안에서 수많은 수고와 내핍, 희생을 겪어야 했다. 이러한 가정을 축복하시는 하느님께서는 특별히 브뤼기에르 집안에 복을 내리시어, 그들에게 영웅적이고 거룩한 주교를 배출하는 영예를 내려 주셨다.

중등 교육 과정

소년 바르텔레미가 중등 교육을 받을 나이가 되자, 그의 부모는 그를 나르본 소신학교로 보냈다. 당시 나르본 소신학교는 프랑스 대혁명으로 폐교되었다가 다시 문을 연 상태였다. 이후 바르텔레미는 그곳을 떠나 참사회원 델마Delmas가 몇 해 전 설립해 학생들을 지도하던 카르카손 소신학교에 입학하였다.

이곳에서 소년 바르텔레미는 학업에 전념하며, 학우들에게 신심과 학업 모든 면에서 훌륭한 귀감이 됐던 출중한 학생이었다. 학우들이 특히 좋아했던 그의 장점은, 훗날 그의 스승 중 한 명이 기록했던 것처럼 "당찬 솔직함"이었다. 나중에 우리는 이곳 카르카손 신학교에서 바르텔레미의 반가운 모습을 또다시 보게 될 것이다. 훌륭한 신학생으로 멋진 추억을 남긴 이곳에 그가 교사가 되어 돌아올 것이기 때문이다.

카르카손 대신학교 입학

    중등 학업을 마친 바르텔레미 브뤼기에르는 성직聖職의 길을 준비하기 위해 카르카손 대신학교에 들어갔다. 그는 사제에게 필요한 덕목을 갖추고자 남다른 열의와 인내로 학업에 매진했다. 동기들과는 둘도 없는 벗으로 우정을 나누고, 지도 신부들과 학우들에게는 겸손으로써 단순하고도 수수한 태도로 그들을 대했다. 바르텔레미는 모범적인 신학생으로 규칙에 충실했으며, 학구열과 완전에 대한 갈망 또한 남달랐다.

    뛰어난 지성과 성품, 올곧고 예리한 정신, 영적 성장을 향한 끈질기고 뜨거운 열정, 불굴의 신앙을 지닌 신심 깊은 신학생 바르텔레미. 이 복된 곳에서 보낸 그의 여러 해가 쏜살같이 지나갔다.

    1812년 바르텔레미는 카르카손의 아르망 페르디낭 드라포르트Armand-Ferdinand de la Porte 주교에게 삭발례를, 이듬해에는 소품小品들을 받았다. 이때 그는 대단히 기뻐했다.

이듬해인 1814년 3월 26일은 그의 인생에서 결정적인 순간이었다. 21세의 나이로 차부제품을 받은 것이다. 하느님께 온전히 자신을 봉헌하고 세속과 속된 기쁨을 영원히 버린 그의 기쁨은 어떠했겠는가! 그는 서둘러 부모와 친구들에게 편지를 써서, 성무일도를 바치며 언제나 그들을 기억하겠다고 약속했다. 그는 이제 교회의 공적 기도를 통해, 곧 성직을 수행하며 더욱 적극적인 사도직을 펼칠 수 있기를 기대하면서 자신도 영혼들에게 큰 유익이 될 수 있음을 기뻐했다. 그리고 바르텔레미는 같은 해 6월 4일에 카르카손 대성당에서 부제품을 받았다.

방학이 되자 바르텔레미는 여느 때처럼 가족들과 함께 시간을 보내면서 그 어느 때보다 권고의 말보다는 본보기가 되는 행동으로 추억을 쌓았다. 한편으로 그는 종교적 의무가 경시되던 조국 프랑스를 보며 몹시 마음 아파했다. 그는 소중한 동포들을 하느님께로 다시 인도하기 위한 방법을 찾고자 골몰했다. 이러한 쓰라린 근심은 나중에 선교사가 된 그의 편지들에서 다시 보게 될 것이다. 그는 편지에서 가족들에게 "외교인들의 영혼 구원을 위해 정신없이 뛰어다니는 자신이지만, 수많은 그리스도인들의 영혼이 길을 잃는 것을 보면서" 얼마나 괴롭고 마음 아파했는지 모른다고 토로할 것이다.

카르카손 소신학교 교사

방학이 끝났지만 브뤼기에르 부제는 대신학교로 돌아갈 수 없었다. 당시 프랑스 대부분의 지역은 혁명의 여파로 사제가 부족했고, 이는 카르카손 교구도 마찬가지였다. 이 젊은 부제의 역량과 덕행을 알아본 드라포르트 주교는 1814년 새 학기가 되자 브뤼기에르 부제를 소신학교 3학년 교사로 임명했다. 그는 대신학교에서 신학 수업을 마치지 못한 것을 대단히 아쉬워했다. 특히 더 깊은 신심을 갖고 사제품을 준비하지 못하는 상황을 진심으로 안타깝게 여겼다.

많은 애정을 쏟으며 카르카손 소신학교에서 보낸 5년 동안 그는 학생들의 마음을 하느님께 이끌고자 노력했으며, 대신학교를 준비하는 아름다운 영혼들의 덕행과 학업을 위해 헌신했다.

1815년 12월 23일, 교사직을 수행하던 브뤼기에르는 사제품을 받았다. 그는 나이가 어렸기 때문에 다른 부제들보다 사제품을 늦게 받았다. 교황의 감면으로 성탄절 미사성제를 거행할 수 있는 기쁨과 귀중한 특혜를 누릴 수 있었던 그의 나이는 24살도 채 되지 않았었다.[1]

  미래의 선교사가 마침내 사제가 되었다. 그는 영혼의 구원을 위해 구원자 그리스도의 희생과 일치를 이루고, 점점 커져 가는 열의로 숭고한 이상을 실현하고자 매일매일 노력했다. 그 이상은 바로 "하느님께서 다스리시고 승리하시도록 수난을 겪고 죽는 것"이었다.

사제, 대신학교 교수 그리고 참사회원이 되다

가족과 고향의 본당 교우들과 함께 첫 미사를 마친 우리의 젊은 사제 브뤼기에르는 소신학교로 돌아가 전보다 더 큰 의욕과 열의로 학생들을 가르쳤다. 3년 후, 그는 대신학교의 교수로 임명되었다.

당시 카르카손 대신학교의 총장이었던 비로토Birotteau 신부는 카르카손 교구의 두 도道, 카르카손과 페르피냥의 신학생을 함께 지도하고 있었다.

철학 과목을 맡았던 브뤼기에르 신부는 재능과 헌신을 인정받아 1818년 7월 19일 명예 참사가 되었다. 당시는 그가 사제품을 받은 지 4년째 되는 해였고, 그의 나이는 26세에 불과했다. 그의 앞에는 멋진 미래가 펼쳐져 있었다!

같은 해, 교회 당국이 그에게 신학 과목까지 맡기면서 브뤼기에르는 신심과 학식 모두에서 눈부신 영예를 얻었다.

혼신을 다한 남다른 기백으로 자신에게 주어진 지도자의 의무를 다한 브뤼기에르였지만, 훗날 그는 자신의 편지에서 겸손한 마음으로 "그처럼 세심한 직무를 맡기에는 매우 부족한 사람"이라고 자신을 평가했다.

더욱이 그는 또 다른 사도직의 소명을 받고 있다고 느꼈다. 그는 부모에게 보낸 편지에서 이렇게 밝혔다.

"하느님께서 당신 계획을 저희에게 알려 주실 때, 이를 실행에 옮기는 데 반감을 보여서는 안 됩니다. 하느님께서 우리가 프랑스가 아닌 다른 곳에 있기를 바라실 때, 프랑스에서 선을 행하겠다고 말해도 소용이 없지요. 그 선은 우리를 통해 이루어지는 것이 아니니까요. 더욱이 하느님께 불순종하면서 한 [나라] 지방 전체가 구원의 진실을 알지 못하게 가로막으면서, 하느님께서 그에게 예정해 두신 가엾은 민족들을 외면한 채 그들이 불행한 운명에 처하도록 내버려두는 사제가 도대체 어디 있겠습니까?"

그처럼 확고하고 굳은 의지로 자신에게 주어진 선교사의 소명을 확신한 브뤼기에르는 그 어떤 장애물도 두려워하지 않았다. 그는 숱한 어려움을 이겨 냈고, 참으로 당연하고 소중한 인연을 끊었으며, 교구 사제로 머물러 있을 때 그가 얻게 될 모든 영광을 포기했다.

그는 "하느님께서 원하시기에" 어떠한 희생을 치르더라도 비신자들의 구원을 위해 떠나고자 했다.

파리외방전교회에 들어가다

　브뤼기에르는 선교사가 되기 위해 파리외방전교회 입회를 희망했지만, 그러기 위해서는 교구장의 허락이 필요했다. 전임 드라포르트 주교는 승낙하지 않았지만, 얼마 전 카르카손 교구장으로 착좌한 롬 가비Ste. Rome-Guaby 주교는 브뤼기에르에게 호의를 베풀었다. 브뤼기에르는 곧장 파리로 떠나면서 "자신의 주교라 여전히 부르게 되어" 영광이었다는 말과 함께 "그 존경하올 성인 주교"에게 감사의 인사를 전했다.

　그는 자신의 조카이자 총대리로서 장차 생플로르Saint-Flour 교구의 주교가 될 귀알리Gualy 신부에게도 편지를 썼다. 그의 제자들이자 하느님께서 허락하셨다면 자신의 뒤를 따랐을지도 모르는 카르카손과 페르피낭 신학생들에게도 편지를 보내면서 교구장 주교를 대단히 칭찬했다.

그는 편지에서 외교인들을 하느님 품으로 데려오겠다는 자신의 열망은 이미 오래전부터 간절히 바랬던 것이며, 결코 잊을 수 없음을 밝히곤 했다.

여름 방학이 되자 마침내 브뤼기에르에게 가족들 곁을 떠날 순간이 찾아왔다. 카르카손 대신학교에는 라자로회[빈첸시오회]² 소속 신부들[라자리스트]이 교구 사제들을 대신하고 있었기에 돌아갈 필요가 없었지만, 브뤼기에르는 부모에게 새로운 일을 교회와 상의하기 위해 카르카손으로 돌아가겠다고 둘러댔다. 이러한 핑계는 그의 정직한 성품과는 맞지 않았지만, 그의 효심을 생각해 보면 불가피한 선택이었다.

그렇게 그는 이생에서는 다시 만날 수 없음을 가족들에게 알리지 못하고 길을 떠났다. 브뤼기에르는 왜 가족들에게 마지막 작별 인사를 하지 못했을까? 가족의 애원과 비난, 눈물 앞에서 차마 용기를 내지 못할 것이라 생각했을까? 그를 극진히 사랑하고, 자신들의 노년에 든든한 버팀목이 되어 줄 거라 믿었을 부모님께 차마 말할 용기가 없었던 것일까? 그런 것은 아니었다. 그는 마지막 인사를 나누며 부모의 마음을 아프게 해 드리고 싶지 않았다.

마지막 인사도 없이 고향을 떠나는 그의 심정을, 사랑하는 부모와 친구들, 소중한 고향집과 첫영성체를 받고 첫 미사를 했던 본당을 떠나는 그가 얼마나 많은 눈물을 흘렸는지를 그 누가 알 수 있을까! 가슴 깊이 사무치는 아픔을 삼키면서도 브뤼기에르는 솔직한 심경을 누구에게도 전할 수 없었을 것이다.

카르카손에서 그는 제일 먼저 어머니에게 편지를 썼다.

"저는 어머니 마음의 안정을 위해, 떠난다는 말씀을 드리는 것이 적절하지 않다고 생각했습니다. 게다가 집을 떠날 때는 아직 최종 결정을 알리는 편지를 받지 않은 상태였고, 카르카손에 와서야 그 편지를 받았습니다. 따라서 어머니와 헤어질 때 앞으로 제가 떠나게 될지 확실하지 않아 사실을 그대로 말씀드리지 못하고 대략적인 답변만을 드렸는데, 당시에는 그것이 제가 말씀드릴 수 있는 전부였습니다."

그리고 그는 어머니에게 보낸 두 번째 편지에서 다시 이렇게 말했다. "저는 어머니께서 받으실 고통이 어떠할지 너무도 잘 알고 있습니다. 하지만 하느님께서 명하시면 순명해야 합니다."

브뤼기에르 신부는 어머니에게 쓴 또 다른 편지에서 이렇게 덧붙였다.

"어머니를 슬프게 해 드리는 일이, 그리고 어머니의 아들로서 마땅히 드려야 할 위로를 드리지 못하면서 (곧 이별의 슬픔을 보일 가족들과 마지막 순간을 보내면서) [작별의] 말씀을 드리는 것이 저로서도 참으로 난감합니다."

그의 편지들에서도 드러나지만, 가족과의 이별이라는 고통과 크나큰 회한이 앞으로 그를 계속 따라다닐 것이다. 아마도 하느님께서는 그에게 이러한 시련을 허락하시어, 그의 영혼을 정화하시고자 하신 듯하다. 브뤼기에르는 마음속에 품은 회한을 이렇게 토로하기도 했다.

"제가 비신자들에게 복음을 전하고자 유럽을 떠나올 때, 참으로 힘들었던 것은 제가 정작 우리 친지 가운데 일부에게 신앙심을 불러일으키지 못했다는 점입니다. 바로 이것이 가족을 떠나오면서 제가 품은 유일한 회한입니다. 선교사로서 제 형제와 친지들이 마땅히 알기를 바라는 가르침에 오히려 귀를 닫고 있는 모습을 본다는 것은 참으로 슬픈 일입니다."

가족들에 대한 애정에 마음 아파하며 브뤼기에르 신부는 종종 편지를 보내어 그들을 위로했다. 어느 편지에서 그는 이렇게 말했다. "저의 계획은 프랑스에 머무는 것이 아닙니다. 하지만 [장상들이] 제가 떠나는 것을 원하지 않는다면, 저의 교구로 다시 돌아올 것입니다."

그는 가족에게 보낸 편지에서 이렇게 썼다. "제게서 한동안 소식이 없다고 너무 심려하지 마십시오. 어디에 있든 어머니께 편지를 보내 드리는 일은 수월할 것입니다. 사랑하는 어머니, 저는 꼭 잊지 않고 편지를 보내 드릴 것입니다." 또 다른 편지에서는 "어머니께 늘 저의 소식을 전해 드리겠습니다."라고 적었다.

크나큰 시련을 겪으면서도 브뤼기에르는 자신이 한 약속을 지켰다. 죽음을 맞이하기 한 달 전에 쓴 그의 마지막 편지도 어머니에게 보내는 편지였다.

언젠가 우리의 선교사는 그의 아버지가 힘든 희생, 즉 자식의 결심을 받아들였다는 감미로운 위로를 받게 될 것이다. 그의 아버지는 사랑하는 아들에 관해 말할 때마다 눈물을 글썽이며 말하곤 했다. "어찌하겠소? 아들이 나보단 선하신 하느님을 더 좋아했으니 말이오. 그게 옳지 않소?"

하지만 어머니에게서는 그가 떠난 후 그로 인한 슬픔을 잊었다는 말을 단 한 번도 듣지 못했다. 이 사무치는 아픔은 두고두고 그의 마음에 남았다.

가족에게 편지를 보낼 때마다 그는 가족의 영혼 구원과 하늘나라에서 다시 만날 희망에 대해 말하면서, 그들이 그러한 은총을 얻을 수 있도록 끊임없이 기도와 희생을 바쳤다. "자신의 가족들이 영벌을 받는 것을 보면서, 외교인들과 이방인들의 영혼을 구원하러 간다는 것"은 그에게 생각조차 할 수 없는 일이었다.

브뤼기에르 신부는 카르카손에서 본격적으로 고향을 떠날 준비를 시작했다. 주교와 장상을 찾아가 작별 인사를 했고, 학생과 교수로 많은 은총을 받았던 대신학교를 마지막으로 방문해 그곳 경당에서 마지막 미사를 집전했다. 이때 그의 마음이 어땠을지, 얼마나 열과 성을 다해 선하신 하느님을 불렀을지 충분히 짐작할 수 있다.

"주님, 제가 저의 마음과 사랑과 미래를 당신께 바칠 수 있도록 저를 도와주십시오. 당신을 위하여 이 지상에서 제가 맺은 인연들을 끊고자 합니다. 이제 제게는 오직 주님만이 계십니다. 저의 버팀목, 저의 위로자, 저의 모든 것이 되소서! 당신의 뜻이 이루어지게 하소서!"

그는 부모님에게도 위로의 마음을 담아 작별을 고하는 아름다운 편지를 썼다.

참으로 사랑하는 부모님께,
하느님의 뜻에 따라 이 지상에서 그동안 제가 참으로 소중히 여겨 온 모든 것과 작별해야 하는 날이 온 것처럼 부모님께 이 편지를 씁니다. 이는 제 말씀으로 부모님께 위로를 드리기 위함이 아니라 부모님께서 위로를 찾으셔야 할 곳이 어디인지를 보여 드리기 위함입니다. 제가 드리고자 하는 말씀이 무엇인지 부모님께서는 잘 아실 겁니다.
부모님께서 전적으로 의탁하실 곳은 바로 그리스도교 신앙입니다. 오직 그리스도에 대한 믿음만이 이 힘든 고통에서 부모님의 의지처가 될 것입니다. 부모님께서 그렇게 의지하시기만 한다면,

그리스도교 신앙이 주는 거룩한 생각 속에서, 뭐라 말씀드릴 수 없는 신비로운 온유와 기쁨을 찾게 되실 겁니다. 그러한 것들은 지금 이 순간 (마지막 방문 때) 부모님께서 제게 주시는 애정을 통한 만족으로는 결코 닿을 수 없는 것입니다.

이렇게 생각하시면 좋겠습니다. 부모님의 구원을 위하여 당신의 외아드님을 내주셨던 하느님께서 이제는 부모님의 아들을 원하고 계신다면, 연로하신 부모님의 의지이며 위로가 되고 가족의 버팀목이 되리라 확신하는 그 아들을 하느님께서 원하신다고 생각하시면, 과연 부모님께서는 그러한 희생을 거절하실 수 있겠습니까?

어쩌면 부모님은 제게 이렇게 물어보실지 모릅니다. "과연 하느님께서 우리에게 그러한 희생을 요구하시겠느냐?" 물론 그렇습니다! 사랑하는 부모님, 하느님께서는 부모님에게 그 희생을 요구하십니다. 저는 부모님이 들으실 수많은 나쁜 말이 부모님께 끼칠 인상에 대해 염려할 필요가 없다고 생각합니다. 부모님께 듣기 좋은 말씀을 드리는 것이 아니라, 부모님은 제가 오래전부터 품어온 큰 계획이 단순한 변덕이나 불만, 호기심, 혹은 이상한 영향을 받은 결과가 아니라는 점을 잘 알고 계실 것이라고 확신하기 때문입니다. 하느님의 뜻이 아니고서야 다른 이유가 있겠습니까? 결코 그렇지 않습니다!

저는 오직 하느님의 영광만을 갈망합니다. 그리고 저의 나약함으로 오히려 제 안의 양심을 읽을 수 있었고, 오직 하느님만이 제게 이러한 생각을 불러일으키셨음을 깨닫고 위안을 얻었습니다.

이를 확신하고자 과연 제가 어떠한 방법을 썼겠습니까?

저는 한동안 저를 고향 밖으로 떠미는 그러한 마음의 동요를 처음에는 속으로 억눌렀으나, 결국 그 거센 움직임에 항복하고 말았습니다. 그리고 저는 사심 없고 지혜로우며, 하느님의 길에서 눈부시게 빛나는 사람들에게 저의 속내를 터놓았습니다.

따라서 제가 떠나기로 한 것은 오랜 시간 심사숙고해서 내린 결정입니다. 대단한 신심을 지닌 수많은 사람들이 저를 위해 기도해 주었습니다.

많은 어려움이 제게 있었지만 이제는 모두 사라졌습니다. 저의 계획이 대단하면서도 힘들 거라고 얼마나 많은 이들이 말해 주었겠습니까!

사랑하는 부모님, 그들과 나눈 대화에서 부모님도 빠지지 않았습니다. 사람들은 제게 연로한 부모님이 받으실 충격이 어떠할지, 또 제게 베풀어 주신 부모님의 사랑을 생각할 때 얼마나 큰 충격

일지 생각해 보라고 끊임없이 말해 주었습니다. 그러한 생각을 하면 저 또한 감정을 추스르기가 쉽지 않았지만 하느님의 목소리가 훨씬 크고 강했습니다. 그분의 소리는 본성의 외침을 억누르지 않으면서도 늘 우세했고, 세상의 그 무엇도 제 마음을 돌이킬 수 없었습니다.

마침내 저의 지도자들은 하느님의 뜻을 알아듣게 되었다고 믿고, 그때부터 더 이상 저를 붙들지 않고 제가 하느님의 영감을 받아들이도록 조언해 주었습니다. 세상 사람들이 이러한 조언을 비난하고, 또 제게 그러한 조언을 준 이들을 두고 분개한다 해도 저는 그리 놀라지 않습니다. 세상 사람들이 하늘의 일을 조금이라도 알고 있습니까? 부모님은 세상 사람들이 하느님의 아드님에게 얼마나 고약한 배척을 했는지 알고 계시지 않습니까? 우리 그리스도인들, 곧 구원자 그리스도에게 이 지상에서 꼭 필요한 일은 오직 하느님의 뜻을 행하는 것이라고 배운 우리가 다른 것을 찾아야 하겠습니까? 바로 이것이 예수 그리스도께서 우리가 날마다 주님의 기도를 통해 청하기를 바라는 것이 아니겠습니까? "아버지의 뜻이 이루어지소서." 그런데 우리가 작은 일들에서도 하느님의 뜻에 불충하여 단죄받을 만하다면, 그보다 더 큰 일들은 말해 무엇 하겠습니까? 예를 들어, 그 일들이 우리의 구원과 어쩌면 한 민족의 구원과 긴밀히 관련된 경우라면 말입니다. … 제가 드리고자 하는 말씀이 무엇인지 아실 겁니다.

성령의 첫 움직임이 (첫 사도들로 하여금) 그들의 열정과 설교를 처음으로 펼친 곳들에만 머물게 했다면, 이 세상과 우리의 구원과 우리 신앙은 어떻게 되었겠습니까. 사랑하는 부모님, 이를 생각하시고 지금도 불신앙의 어둠에 갇혀 있는 많은 이들의 구원이 절실하다는 것을 헤아려 주십시오. 그들은 끊임없이 우리 사랑의 도움을 기다리고 있습니다. 그러니 부모님께서는 그만 한탄하시고 오히려 그러한 가난한 이들의 회개에 도움을 주신다는 뜻에서 하느님 안에서 기뻐하십시오.

혈육의 정이라는 본성이 속삭일 때마다 이러한 생각으로 위안을 삼으십시오. 지금 이 순간에도 우리 아들은 한 영혼을 구원하고 있겠구나, 하고요. 그리고 영광을 받으실 유일한 분인 하느님을 찬미하십시오.

사랑하는 부모님, 이만 줄이겠습니다. 제가 부모님께 끼쳐 드린 온갖 슬픔에 용서를 청합니다. 부모님께서 파리에 있는 제게 보내실 편지에서 저를 축복해 주시길 기다리며 간절히 희망합니다. 부모님께, 그리고 우리 주님을 사랑하는 모든 이들에게 간곡히

기도를 부탁드립니다. 제가 하느님의 계획을 충실하게 오롯이 행할 수 있도록 기도해 주십시오. 그리하여 제가 다른 이들에게 하늘 나라의 길을 보여 주게 되기를, 또한 제가 그 길을 향해 앞장서서 걸어가도록 기도해 주십시오.

부모님께 작별 인사를 드립니다. 또한 이생에서 잠시 헤어지겠지만 하늘 나라에서 영원히 다시 만나도록 해 주시기를 주님께 청합니다.

1825년 9월 8일, 카르카손에서
부모님의 매우 소중하고 효성스러운 아들
바르텔레미 브뤼기에르

“ 저는 태어난 고국 땅을 영원히 떠납니다.
바다를 건너다가 또는 뭍에 내리다가
죽을 수도 있습니다. 아무렴 어떻습니까?
하느님께서는 가장 적합한 것을 아시니까요. ”

Barthélemy
Bruguière

2부

보르도에서 마카오까지의 여정

파리외방전교회 신학교에서

아시아 선교지로 떠나다

마카오에 도착하다

파리외방전교회 신학교에서

　브뤼기에르 신부가 파리외방전교회 신학교에 머문 시간은 그리 길지 않았다. 1825년 11월 6일 부모님께 보낸 편지에서 그는 이렇게 전했다. "몇 달 뒤 아시아로 떠날 생각입니다. 중국 옆에 있는 통킹으로 갈지도 모르겠습니다."

　12월 19일 편지에서는 더욱 구체적으로 전했다. "제가 희망하는 대로 2월 중에 보르도로 갈 것입니다. 코친차이나라고 불리는 나라로 배정을 받았습니다. 저는 유럽을 떠나게 될 날을 학수고대하고 있습니다."

　브뤼기에르는 그 행복한 날을 기다리며 훌륭한 선교사가 될 준비를 했다. 그는 장차 자신이 처한 상황에서 필요한 덕목들을 키우며, 외교인들을 개종시키고, 또 가능하다면 그들을 순교의 영광으로 이끌 수 있는 은총을 받기를 바랐다. 그는 자신의 운명을 그려 보았다. 그가 파견될 고장에서 주어질 일들, 수고와 고통, 실망과 좌절뿐만 아니라 노골적인 박해는 아니더라도 사방에서 반대를 받을 것이었다.

파리외방전교회 신학교에 머무는 동안 브뤼기에르 신부는 '순교자의 방'을 자주 찾아 순교한 선교사들의 유해와 고문에 사용된 도구들, 순교 장면을 그린 그림들을 보며 오래도록 묵상했다. 그곳에서 그는 힘과 용기를 얻고, 영혼 구원을 위해 피를 흘리는 은총을 하느님께 청했을 것이다.

그러한 은혜를 받기에 마땅한 사람이 되기 위해 그는 더욱 열심히 기도했고, 고신극기했다. 그는 불굴의 힘으로 생애 내내 그 노력을 실천하겠다는 약속을 했고, 실제로도 그리했다.

브뤼기에르 신부가 선교 사도직을 위해 다섯 달의 수련기를 보낸 뒤 파리외방전교회의 지도 신부들은 그가 선교지에 파견될 준비를 마쳤다고 판단했다. 자신이 어디로 파견될지 몰랐던 그는 순교한 선배들의 빈자리를 맡게 될 것으로 생각하며, 장상의 뜻에 따를 마음의 준비를 했다.

선교지 파견을 준비하는 피정에 참여한 브뤼기에르 신부가 얼마나 기뻤을지 짐작하기란 어렵지 않다. 그는 파견을 준비하는 이들 중 연장자였고, 대신학교에서 교수직도 맡았었기에 그만큼 본보기가 되지 않았을까? 파견 전날 그는 고별 예식에 참석했다. 이제 소중한 파리외방전교회 공동체, 부모님과 친구들 그리고 돌아올 기약 없이 떠나야 하는 조국 프랑스와 마지막 인사를 나눌 때가 되었다. 이제 박해와 죽음이 기다리는 제2의 조국을 향해 떠나야 했다. 고별 예식은 참석자의 눈물을 쏟게 할 만큼 심금을 울렸다. 특히 선교사로 파견될 이들의 부모님과 친구들은 하염없이 눈물을 흘렸다. 그들의 모습을 바라보며 비신자들의 영혼을 얻고자 떠나는 용사들 또한 아쉬움과 기쁨의 눈물을 흘렸다.

아시아 선교지로 떠나다

1826년 2월 초 우리의 선교사는 파리를 떠났다.

그의 부모님은 그에게 레삭으로 와서 작별 인사를 할 것을 당부했지만, 그는 부모님의 바람대로 레삭으로 가는 것은 적절하지 않다고 판단했다. 부모님을 잠시 만나는 것은 그 자신에게도 무척이나 힘든 일이었지만, 특히 가족들에게도 너무 가혹한 일일 수 있었다. 슬프지만 그는 보르도에서 부모님께 편지를 보내는 것으로 만족했다. 편지에서 그는 고향으로 가지 않은 자신의 결정이 아들다운 효심 때문이기도 하지만, [성령에 의한] 초자연적인 것이라고 설명했다. 이는 몇 달 전 부모님께 알리지 않고 파리외방전교회로 떠났던 이유와 같았다.

"사랑하는 부모님, 제가 계속해서 부모님을 슬프게 해 드리고,

또 부모님이 아들에게 의당 받으셔야 할 위로를 제가 드릴 수 없다고 말씀드리게 되어 참으로 애통합니다.

부모님은 신심이 참으로 깊으시어 하느님의 명령을 거역하실 수 없으십니다. 이 세상에서 잠시라도 저를 다시 만나시어 덧없는 기쁨을 누리셨다면, 나중에 하느님 앞에 섰을 때 하느님께 나무람을 받으셨을 것이고 저도 그분의 노여움을 받아야 했을 겁니다.

주님께서 이 먼 지방들에 당신의 이름과 당신의 복음을 전하게 하시려고 저보다 더 훌륭한 이들, 많은 덕행과 장점을 지닌 다른 많은 이들이 있음에도, 저를 택하신 것은 제게 크나큰 은총이며 각별한 은혜입니다. 제가 이토록 거룩한 부르심에 불충실하다면 저는 불행할 것입니다.

앞으로 제가 바다의 위험과 여행의 피로, 아무것도 없는 결핍을 겪게 된다고 미리 걱정하지 마십시오. 이 모든 것은 생각하시는 것만큼이나 대단하지도 않고, 또 선교사가 탄 배가 난파당하거나 선교사가 바다에서 죽는 일은 매우 드문 일입니다.

그런데 정말 제가 죽음을 맞게 될 때 제가 뒤로 물러서야 하겠는지요? 당신 자신을 희생하여 우리의 죄를 대신 갚으신 분을 위해 피를 흘리는 것은 영광스러운 일이 아닌지요? 용감한 군인은 조국을 지키기 위해 기꺼이 죽는데, 한낱 사제가 하느님의 영광과 그리스도교의 유익을 위하는 일을 하다가 위험을 보고 멈칫하는 비겁함을 지녀야 하겠는지요?

제가 이 거룩한 종교를 따르도록 본보기로써, 또 신심 깊은 가르침을 통하여 줄곧 저를 이끌어 주신 부모님이, 저를 부르시는 하느님의 목소리에 순명하려는 지금 오히려 저를 붙잡고자 애쓰시는 듯합니다. 오히려 제가 나약함을 보일 때 제게 용기를 주시는 부모님의 신심에 제가 기대어야 하지 않겠는지요? 또 제가 두려워하지 않는데도 저의 계획에 반대하시는 건지요? 부모님께서 그렇게 행동하신다면 오히려 제게 시련을 주시는 것이고, 제 성소를 잃게 만드시는 것이라는 생각마저 듭니다.

부모님은 어떤 나라와 어떤 처지에 있든 모든 이가 다 구원받을 수 있다고 말씀하십니다. 일반적으로 보면 맞는 말씀이지요. 하지만 자기 나라에서 [종교의] 의무를 다할 수 없는 처지에 있는 사람들은 그렇지 못합니다.

저는 거듭 이렇게 분명히 말씀드리겠습니다. 제가 지금 실현하고자 하는 계획은 그 누구로부터 영감을 받은 것이 결코 아닙니다. 제가 마땅히 그렇다고 생각하듯이, 오직 하느님께로부터 받은 것입니다.

주교님과 함께 거의 모든 분이 부모님을 생각하여 저의 결심을 돌리려 애썼습니다. 이를 두고 부모님이 얼마나 힘들어하셨을지 충분히 이해합니다. 저 자신도 몹시 마음 아팠습니다. 하지만 하느님께서 섭리하시어 주신 명령임이 분명하다면 잠자코 순명해야 합니다. 그러니 참으로 사랑하는 부모님, 안녕히 계십시오. 주님께 거듭 이 마지막 희생을 드리십시오. 부모님이 저의 편지를 받으실 즈음 저는 프랑스 해안을 멀리 벗어나 있을 것입니다.

천상에서, 모든 것이 하느님처럼 항구하고 영원한 그 아름다운 천상에서 다시 만날 때까지 모든 노력을 다합시다. 요한 성인의 말씀처럼, 그곳에는 더 이상 두려움도, 고통도 없을 것입니다. 모든 악을 벗어나 우리가 바라는 모든 것을 소유하게 될 것이기 때문입니다."

본의 아니게 부모님께 끼친 아픔을 달래고 위로해 드리고자 브뤼기에르 신부는 자주 편지를 쓰겠다고 약속했다. "부모님은 저의 소식을 자주 받으실 것입니다." 그의 부모님은 그가 보낸 수많은 편지를 받으며 기뻐했으니, 넓게 보면 그는 약속을 지킨 셈이었다. 또한 그가 남긴 수많은 편지 덕분에, 흥미롭고 감동적인 체험과 이야기들로 가득한 그의 아름다운 생애를 알게 되었고, 그에 관한 기록을 남길 수 있으니 참으로 다행이다.

브뤼기에르 신부는 부모님께 보낸 편지에서 이렇게 말했다. "부모님을 위해 하느님께 끊임없이 기도할 것입니다." 이 말은 그리스도인 가족을 향한 무한한 위로이자, 거룩한 선교사의 기도와 공로를 통해 그들이 보호를 받을 것임을 알려 주는 탁월한 격려의 말이었다!

그는 편지를 쓸 때마다 그 거룩한 약속을 갱신하며 이 말을 덧붙였다. "저를 위하여 기도해 주십시오."

그는 세속의 일에서도 부모님을 기쁘게 해 드리기 위해 노력했다. "루이 형님에 관한 부모님의 의향을 채워 드렸으니, 부모님의 바람대로 그의 유익을 마련했습니다."

그가 가족의 물질적 유익에 무관심했던 것은 아니었지만, 더욱 관심을 쏟은 것은 가족의 영적 유익이었다.

"(전략) 귀알리 주교님이 부모님께 훌륭한 주임 신부를 보내 주시겠다고 생각하고 계십니다. 주교님께 가능한 한 빨리 그 약속을 이루어 달라고 청하겠습니다. 그 신부님이 부모님을 위로해 줄 것이며, 부모님이 선행을 하도록 돕고 지극한 기쁨으로 가는 길을 걷게 할 것입니다."

이 편지의 말미에 브뤼기에르 신부는 자신의 결심, 곧 선교지를 향해 배를 타기 전에 레삭에 들르지 않은 것이 마음을 매우 힘들게 했지만, 매우 깊이 생각한 것이라고 거듭 설명했다. 그리고 그에 대한 모든 책임을 졌다. 편지에서 그는 이렇게 전했다. "[파리외방전교회] 신학교의 장상들은 제가 부모님 댁에 들르면 크게 기쁠 것이라고 말씀하셨지만, 저는 너무도 간절히 선교지로 가고 싶었습니다. 더 지체하지 않고 (되도록 일찍 떠나는) 이 기쁨을 누리고 싶습니다. 부모님께서 저와 관련된 모든 일에 관심을 갖고 계심에 감사드립니다."

바로 이날, 1826년 2월 24일 브뤼기에르 신부는 동료 신부인 코레즈Corrèze 출신의 바르브Barbe 신부[3]와 함께 '희망'이라는 이름의 배, 에스페랑스Espérance호에 올랐다.

그들의 시야에서 다정한 고국 프랑스 땅이 사라졌다. 점점 멀어지는 거리가 그들과 고국을 영영 갈라놓았다. 하지만 우리 소중한 선교사의 마음은 가족과 고향을 금세 떼어 내지 못했다. 머지않아 그는 사랑하는 부모님께 감동적이면서도 흥미로운 편지를 보냈다.

"부모님께서 제 소식을 아시면 기뻐하시리라 확신합니다. 저는 건강히 잘 지내고 있고 뱃멀미도 완전히 사라졌습니다. 이제는 토하지도 않고 속이 울렁이지도 않습니다. 뱃멀미는 처음 배를 탄 사람이라면 누구나 치러야 하는 신고식이지요.

저희가 뭍에 내릴 때 즈음이면 여느 사람들처럼 걷지 못할 것 같다는 생각마저 듭니다. 배가 앞뒤 옆으로 흔들리는 통에 가재처럼 비스듬하게 걷고 있기 때문입니다.

저희의 여정은 현재까지는 흡족합니다. 끝까지 그러하기를 바랍니다. 어머님이 성모님께 청한 기도 덕분이라고 생각합니다. 계속해서 그렇게 기도해 주시기를 부탁드립니다.

지나가는 배편으로 부모님께 편지를 써 보냅니다. 저희가 바다로 나온 뒤로 만난 열한 번째 배이면서 저희가 처음으로 접근한 배입니다.

저는 레삭에서 1,400리외[약 5,600킬로미터] 이상 떨어진 곳에 있습니다. 지난 [1826년] 4월 6일 목요일에 적도를 지났습니다. [이미 4월] 2일에 태양이 저희 머리 위에 수직으로 떠 있었답니다. 저희가 있는 곳의 날씨가 덥다고 생각하시겠지요! 하지만 저희가 탄 배가 신속하게 달리다 보니 날이 갈수록 열기가 현저하게 식고 있습니다. 북향으로 드리워졌던 저희 그림자가 지금은 남향으로 드리워져 있습니다.

이곳에서 한 달 동안은 날씨가 춥다고 합니다. 달리 말씀드리면, 부모님께서 여름을 보내실 때 저희는 겨울을 보내게 될 것입니다. 그리고 한 달 뒤에는 다시 더워질 것입니다. 이를 통해 부모님께서는 저희 여정 동안 날씨가 조금은 변화무쌍하다는 것을 아실 겁니다. 하지만 목적지에 도착하기까지 그렇게 보내야 합니다. 제 글씨체가 조금 휘어져 있는데, 이는 계속해서 배가 뒤흔들린 탓입니다. … 저는 아직 부모님의 소식을 여쭐 수가 없습니다. 저의 여정이 끝나려면 아직 멀었기 때문입니다."[4]

또 다른 편지에서 브뤼기에르 신부는 그의 오랜 항해 여정을 가족들에게 전했다.

"지금은 자바섬과 수마트라섬에 와 있습니다. 순다 해협 위쪽입니다. 부모님은 잘 모르시는 곳이지만, 지도를 보면 아실 수 있습니다.
역풍이 불어 닻을 내렸고, 다시 항해하기 위해 순풍을 기다리고 있습니다.
저희는 이미 6,000리외[24,000킬로미터] 넘게 항해를 했으나 여정이 끝나려면 아직 멀었습니다.

저는 매우 건강하게 지내고 있고, 여태까지 앓은 적도 없습니다. 뱃멀미를 제외하고 말입니다. 그것도 하루 정도 잠시 불편한 정도였는데, 파도가 거세어 구토가 났던 것입니다. 그마저 넉 달이 넘는 동안 네 번 정도 했을 뿐입니다. 그런데 제가 건강한 이유가 바로 구토 덕분이라고 생각합니다. 이를테면 제 안에서 약과도 같은 효과를 낳은 것입니다.

이곳은 겨울입니다. 부모님께서는 7월 내내 매우 덥다고 느끼셨겠지요. 특히 바람이 불지 않은 날 그러셨을 겁니다.

저희 여정은 만족스러웠으나 날씨는 매우 안 좋았습니다. 희망봉을 지나자마자 파도가 배 위까지 차오를 정도로 매우 거세어 배의 조타수를 집어삼킬 뻔했는데, 다행히 그는 가까스로 밧줄 끝에 매달려 있었습니다. 거센 파도로 배의 일부가 손상되기도 했고, 내려진 돛들을 파도가 덮치고, 바닷물이 온 사방으로 넘쳤습니다. 모든 문이 굳게 닫혀 있었음에도 물이 사방에 스며들어 제가 묵고 있는 객실에 실린 큰 짐도 물에 젖었습니다. 바닥으로부터 130센티미터 이상 높이 있는 제 침대 위로까지 물이 튕겨 올랐습니다. 저는 그 소리에 놀라 잠에서 깼는데, 물이 부딪치는 소리임을 알고는 모포에서 물을 털어 내고 다시 잠을 청했습니다.

바로 그 순간 바다를 본다는 것은 경이로운 일이 분명합니다. 파고가 우리 집 높이의 거의 두 배가 넘습니다. 벼락이 배 뒤쪽으로 내리쳤는데, 다행히 배까지 닿지는 않았습니다.

물론 위험이 전혀 없었다는 점을 부모님께 말씀드려야겠습니다. 그러니 괜한 걱정은 하지 않으셔도 됩니다. …"

브뤼기에르 신부는 2-3일 후에는 바타비아[5]에 도착할 것이라고 알리면서, 가까이 지나가는 배편을 이용해 이 편지를 보낼 생각이라고 덧붙였다. 그러나 바람이 허락하지 않았다. 결국 그의 편지는 바타비아에 정박한 후 출발해 부모님께 도착했다. 그는 "[바타비아에 1826년] 7월 1일 토요일 저녁 7시 닻을 내렸고, [그의 편지는] 레삭에 7월 중순경에 닿을 것"이라고 기쁜 소식을 알렸다.

신심 깊은 우리의 선교사는 거대한 자바섬에서 그가 본 마음 아픈 사실을 부모님께 알렸다.

"제 눈으로 본 것을 직접 보신다면 측은하게 여기지 않을 수 없을 겁니다. 저는 지금 오백만 명의 말레이인들이 사는 섬에 와 있는데, 그들은 모두 회교도입니다. 유럽인과 혼인한 여인들 가운데 극소수만이 남편의 종교를 따를 뿐입니다. 그런데 포르투갈인들과 그 뒤로 네덜란드인들이 이 섬에 진출한 지도 약 200년이 됩니다. 그런데도 여전히 그들 [선교] 열정의 흔적을 전혀 찾아볼 수 없습니다.

[유럽] 사람들이 이곳에 오는 이유는 부자가 되어 인생의 달콤함을 누리기 위해서고, 그들은 이곳 섬사람들에게 종교[천주교]에 관해 일절 말하지 않습니다. 심지어 가르치기 훨씬 수월한 노예들에게조차 그렇습니다. 중국인들에게도 마찬가지로 무관심으로 대합니다. 화교 인구는 바타비아에서만 오천 명가량이고 모두 우상을 숭배합니다.

이 민족들이 신앙의 진리에 저항한다는 핑계를 댈 수 없습니다. 다른 곳에선 이들이 개종하고 있기 때문입니다.

이상이 수마트라와 보르네오, 뉴기니와 누벨올랑드[6]와 아시아의 거의 모든 군도에 사는 섬 주민들의 실정입니다.

그리스도인을 찾아볼 수 있는 곳은 포르투갈 식민지나 스페인인들이 장악하고 있는 필리핀의 섬들뿐입니다."

이상이 우리의 열정적인 선교사가 비신자들을 처음으로 접했을 때 느낀 가슴 아픈 인상이었다. 그의 첫 감정은 스승이신 주님과 같았다.

"저 군중을 보니 가엾은 마음이 듭니다. 저 불쌍한 이들이 영혼의 양식을 구하지만 아무도 그들에게 와서 나눠 주지 않습니다. 저는 목마릅니다. 제게는 영혼들[영혼 구원]에 대한 갈증이 있습니다. 제가 그들에게 구원과 행복의 복음을 가르칠 수 있을까요? 최소한 저 가엾은 노예들에게만이라도?

저는 그들과 대화를 나누고자 말레이어를 배워 어느 정도 말하고 싶다는 열망을 여러 차례 품어도 보았습니다. 말레이어에 관해 아는 게 거의 없어서 대화를 나눌 수 없었고 또 제게 통역을 해 줄 사람이 아무도 없습니다.

이 민족은 거짓된 종교를 믿고 따르고 있는데, 어찌하여 참된 종교를 믿고 따를 수는 없었을까요?

많은 중국인이 특히 미신을 믿는다고 말씀드리고자 합니다. 그들 집의 대문을 보면 노르스름한 종이들이 잔뜩 붙어 있는데, 미신의 표식[부적]들입니다. 이러한 표식들은 화교들의 거의 모든 가게에서 볼 수 있는데, 공자의 형상이나 악귀의 형상을 하고 있습니다. 얼마나 가엾은 이들입니까! 그들은 이 우상들 앞에서 작은 촛불을 켭니다.

그런데 한 중국인이 그러한 우상 옆에, 아기 예수님이 성모님의 팔에 안겨 있는 마르세유의 성모자상을 모시고 있었습니다. 그는 심지어 그 모자상에 절까지 하고 있었습니다. 저는 그 모습에 대단한 충격을 받았고 그에게 그 성상을 팔라고 제안했습니다. 하지만 그 사람은 저의 제안을 받아들이려 하지 않았습니다. 그는 저의 통역사를 통해 제게 설명하기를, 그 상은 천주의 어머니 상이고, 누군가에게 선물로 받은 것이라며, 돈의 액수가 얼마가 되었든 간에 팔 수 없다고 했습니다. 저는 그 사람과 대화를 나누고 싶었지만, 저의 대변인(통역사)이 개신교인이었고 듣고 있는 사람들이 자연신교도들이었기에 그를 개종시키는 일을 단념할 수밖에 없었습니다."

종교적 시각에서도 외교인들이 얼마나 버림받고 있는지를 확인한 브뤼기에르 신부는 "측은한 마음"이 들었고 몹시 마음 아파했다. 그들은 자신들에게 선익을 가져다주고 진리로 이끌어 줘야 마땅한 그리스도교인들로부터 버림받고 있었다. 이에 브뤼기에르 신부는 그리스도인들의 무관심을 설명하며 이렇게 덧붙였다.

"이곳에 사는 유럽인들은 대부분이 개신교인들로, 유럽의 개신교인들 못지않게 그들 신앙의 바탕이라 할 신조를 지니고 있지 않은 이들입니다. 제가 아는 어느 루터교 목사는 루터에 관한 말을 듣고 싶어 하지 않고, 그 아내는 칼뱅주의자인데도 칼뱅을 비난합니다.

예전에 그들은 천주교인들이 하늘 나라로 들어가는 것을 마치 호의를 베푸는 것처럼 동의했습니다. 지금은 훨씬 관대해져서 회교도들과 우상 숭배자들을 하늘 나라로 초대하고 있습니다. 이는 어디까지나 그들의 생각이 어떠한지를 솔직히 시인하고자 하는 개신교인들이 제게 해 준 말입니다.

그들은 설교에서 윤리를 강조하지만 신앙 교리는 강조하지 않고 일절 고려하지 않습니다. 저마다 제 좋을 대로 성경을 해석하고 상징을 구성할 권리는 있겠지요. 저는 그들의 교리서를 구하려 했으나 이곳 본당의 주임 신부가 제게 한 말에 따르면 그들에겐 인쇄물이 없었습니다. 그들은 성경을 설명하면서 그들이 보기에 좋은 것만을 골라 인정합니다. 제가 아는 한 루터교 신자는 그의 교회 담임 목사가 아픈 날엔 미사를 보러 성당에 옵니다. 또한 칼뱅주의자이면서 계속 루터교 교회에 다니는 이도 있습니다.

따라서 그들이 현지인들을 등한시하고 있다는 것은 그리 놀라운 일이 아닙니다. 오직 천주교인들만이 예수 그리스도의 자녀를 낳을 권리와 열정을 지니고 있습니다."

하지만 이 섬들에 사는 천주교 신자 수는 매우 적었고, 그 가운데 프랑스인은 소수였다. 브뤼기에르 신부는 벨기에 또는 네덜란드인 교우 집에서 묵었는데, (바타비아는 네덜란드 식민지였다.) 그는 자기 집에 브뤼기에르 신부와 그의 동료인 또 다른 선교사를 맞아들이는 것을 기쁘게 생각해 숙박료를 일절 요구하지 않았다고 한다. 이는 결코 작은 봉사가 아니었다. 선교사 일행 수중의 28프랑으로는 그 도시에서 하룻밤 묵을 곳을 찾을 수 없었기 때문이다.

브뤼기에르 신부는 자신을 재워 준 그 선한 천주교인을 칭찬했다. 그는 브뤼기에르를 "붙잡고자[자신의 집에 머물게 하고자] 온갖 일을 다 했고", 심지어 이를 합리적인 대가로 여기는 선장도 만났다.

브뤼기에르 신부는 이렇게 말했다.

"저를 맞은 집주인이 진심이었다는 것을 보여 주는 무수한 증거가 있습니다. 제가 거절할 수 없어 결국 받았던 그의 선물들, 제게 준 보살핌과 약들, 제게 보여 준 존경과 제게 베푼 도움들, 저를 위해 아끼지 않고 돈까지 썼던 리우자르Lieusard 씨에게 대단히 감사하지 않을 수 없습니다."

그는 부모님께 보내는 편지에 이렇게 적었다.

"부모님께 그의 이름을 말씀드리는 것은 이득을 바라지 않고 낯선 사람에게 도움을 주고자 했던 이 사람을 부모님께서 기억해 주시기를 바라는 뜻에서입니다.
저의 친척들 가운데 과연 어느 누가 세상의 끝에서 온 낯모르는 이의 환대 요청을 너그럽게 맞이할 수 있을지 모르겠습니다. 바로 그러한 상황에서 사람의 진가를 알아보게 되지요. 반면에 또 다른 교인들 가운데 잔인하게 저를 모욕하는 사람도 만났습니다. 그 사람도 천주교 신자였습니다. … 오히려 다른 이들이 저를 보호해 주었는데, 특히 한 개신교인이 그러했습니다. 그는 저를 돕고자 수많은 불쾌한 일들을 겪었습니다. 언제나 제게 참으로 소중한 것은 사람들입니다."

브뤼기에르 신부는 인도네시아 섬들의 종교적 상황을 고찰한 후, 천주교 사제로서 그가 겪은 믿기 힘든 고충을 토로했다. 우선 미신을 믿는 외교인들과 그들에게 복음을 전하고자 노력하지 않는 개신교인들을 언급했다. 그들은 잘못된 본보기로 그리스도교를 그릇되게 전하고 있었다. 우리의 열정적인 선교사는 현지인들의 불행한 처지에 관해 길게 전하면서도 안타까워했다. 그가 말하는 현지인은 반쯤 문명화된 말레이인들로, 불그스름한 구릿빛 피부에 야위고 평편하며 각진 얼굴, 납작한 코와 돌출한 입술을 지니고 있었다. 또 늘 습관적으로 씹고 있는 구장잎 때문에 치아는 검게 변했고, 거의 맨몸인 채로 신발도 신지 않았다. 대부분의 남자들은 독을 묻힌 검을 허리에 차고 있었다. 말레이인은 거의 모두가 회교도였다.

브뤼기에르 신부는 바타비아에서 많은 중국인들을 보았다. 좀 더 균형 잡힌 얼굴을 가진 그들은 아주 짧은 머리에 한 뭉치의 머리카락을 땋아서 길게 늘어뜨렸다. 일부는 늘어뜨린 머리카락이 정강이에 닿을 정도로 길었다. 뾰족한 원추 모양의 모자와 얇고 단출한 바지, 면으로 된 상의에 신발을 신었던 그들은 모두 상인이나 장인이었다.

편지의 끝에 브뤼기에르 신부는 그곳에 사는 유럽인들을 소개하면서, 지상 낙원처럼 보이는 이 섬들이 유럽인들에게는 유혹으로 가득한 세계라 할 수 있다고 말했다. 거짓된 모습에 넘어가는 이들에게 죽음을 가져다주는 곳이기 때문에 매우 위험한 "유럽인들의 무덤"이라 불린다고도 설명했다. 그럼에도 금과 돈을 좋아하는 유럽인들이 타는 듯 뜨거운 기후와 건강에 나쁜 토양이 주는 온갖 위험을 무릅쓰고 이곳으로 찾아온다고 말하며 이렇게 결론을 지었다. "모든 것을 충분히 고려해 보면, 부모님이 계신 랑그도크 지방이 무한한 장점들로 가득합니다."

브뤼기에르는 이 편지를 전하면서 조선에 관해 말하지 않을 수 없었을 것이다. 목자가 없는 조선의 그리스도인들은 몇 년 전부터 선교사를 보내 달라고 로마에 요청하고 있었다. 그는 아직 아시아에 도착하기 전이었지만 자신의 임지가 인도차이나임을 알고 있었고, 아울러 하느님께서 자신을 부르시는 그 멀고도 잔인한 땅에 마음을 쓰고 있었다. 그는 가족에게 보내는 편지에 이렇게 적었다.

"포교성성의 장상이 제게 말을 했습니다. 열정과 용기가 넘치는 프랑스인 사제가 그처럼 거룩한 계획에 헌신하게 되기를 간절히 바란다고 말입니다. 그러한 소명을 받은 성직자는 하느님의 영광을 위해 많은 고통을 겪는 행복을 누리게 될 것임을 확신할 수 있습니다. 그는 많은 개종자들을 낳을 것이고 또 몇 해 지나지 않아 순교의 화관을 얻게 될 것입니다.

저는 여러 차례 그 민족들(조선, 일본과 그 속국들)의 구원을 위해 가기를 바랐습니다. 과연 제게 주어진 임지에 머물지 말아야 할까요? 그리고 딴 곳에 가고자 제 소임지를 저버리는 일은 변덕을 보여 주는 것이지 않겠는지요? 그러나 포교성성의 메시지가 유럽에 있는 사제들뿐 아니라 이미 파견된 우리 선교사들에게도 해당되는 것이라면, 저는 당장이라도 떠날 것입니다."

브뤼기에르 신부는 고통을 겪게 될 것을, 그것도 극심한 고통을 겪게 될 것을 잘 알고 있었다. 하지만 사람들의 구원을 위해 구세주처럼 고통을 겪고 죽음을 맞이하는 것, 이는 그가 원하는 바였다.

이러한 영웅적 계획이 이루어지길 기대하며 그는 발령받은 임지로 향했다.

마카오에 도착하다

브뤼기에르 신부는 [1826년] 8월 28일 바타비아를 떠나 그를 임지로 보낼 총대표부가 있는 마카오로 향했다.

바타비아를 떠난 그는 먼저 싱가포르로 향했다. 어쩌면 그곳에서 하느님의 섭리로 그 어디에서도 찾지 못한 탁월한 기회를 얻을 수 있지 않을까 하는 바람에서였다. 그의 항해 여정 중 전반부를 함께했던 첫 번째 선장은 그에게 하루 60프랑의 뱃삯을 요구했다. 이 금액은 상당히 과도한 것처럼 보이지만, 브뤼기에르 신부는 이미 다른 선장들에게서 많은 어려움을 경험했다. 그에 의하면 그들이 프랑스인들이 아닌 게 다행이었다. 여정을 계속하기 위해 어쩌면 하루에 200프랑을 내야 했을지도 모르기 때문이다.

"바타비아에서 싱가포르까지의 여정은 무탈했습니다. 다만 해

적선들이 저희 배에 가까이 다가왔던 어느 날 밤 두려움을 느꼈습니다. 저희는 곧장 대포들을 장전했고 모두가 저마다 검과 소총, 창과 권총 등 무기를 챙겼습니다. 저 또한 다른 사람들처럼 싸워야 했는데, 저는 무기를 다루는 일에는 문외한이라 어떻게 해야 할지 몰랐습니다.

하지만 불가피한 상황이라 여기고 저는 용감히 받아들였고 하나하나 살펴본 뒤 포병들 가운데 자리를 잡아야겠다고 판단했습니다. 부모님도 웃음이 나실 겁니다. 저 또한 웃음이 나오더군요. 하지만 어쩌겠습니까? 저희는 모두 합해 14명뿐이었고 적들은 최소 100명은 되어 보였습니다. 그런데 [다행히] 결국 그들은 물러갔습니다.

싱가포르에 도착해서 저는 한 젊은 영국인 선장을 찾아갔습니다. 그는 1,340톤, 배의 무게만 약 3만 퀸탈에 이르는 선박을 한 척 지휘하고 있었습니다. 그 배에 승선하는 사람들과 물품, 장비들을 합하면 그 무게가 6만 퀸탈이나 됩니다. 저는 그에게 마카오까지 함께 갔으면 하는 저의 바람을 전했고, 그는 저의 제안을 받아들였습니다. 게다가 그는 뱃삯을 일절 원하지 않았습니다. 부모님께서 보시면 아시겠지만, 제가 한 달 정도 그의 배를 타고 있었기에 그는 요구했다면 받았을 1,100프랑과 그 이상의 금전적 손해를 본 것입니다. 저는 인색한 사람들도 만났지만 관대한 사람들도 사방에 두루 있었습니다.

이번 여행은 조금 위험했지만, 하느님께서 저희를 도우셨습니다. 저는 처음으로 보트를 타 보았는데, 행복하지 않았습니다. 제가 탄 보트가 엎어지면서 저는 바다에 던져졌답니다. 다행히 제가 쇠봉을 붙잡았고 사람들이 제게 밧줄을 던져 주어 위험에서 벗어났습니다.

게다가 저는 선박 안에서 더할 나위 없이 잘 지냈습니다. 선장이 저를 위한 객실을 마련해 주었고, 그의 하인에게 저의 시중을 들도록 했습니다. 저는 예의에 어긋나는 사람이 되지 않고자 그 모든 것을 받았습니다. 여행객들도 애써 그들의 호의를 제게 보여 주는 여러 가지 표현을 했습니다.

그러다 저희는 악천후를 만났습니다. 부모님께서도 태풍이 어떠한지, 그 여파가 어떠한지를 잘 아실 겁니다. 이러한 이야기를 읽으시다 슬퍼하실 것 같아 결론부터 말씀드리겠습니다. 저는 그저 격노한 바다에 관해 제가 했던 가벼운 생각을 나누고자 몇 말씀 드리고자 합니다.

[마카오로 향하는 배를 타고] 처음 사흘 동안 바람이 일지 않았습니다. 뱃사람들은 이러한 날씨를 좋아하지 않습니다. 배가 앞으로 나

아가지 않기 때문입니다. 그들은 잔잔한 바다보다는 오히려 폭풍을 더 좋아합니다. 단 너무 거세지만 않다면 말입니다. [그러나] 곧 그렇지 않은 날씨를 겪게 됩니다.

맑은 하늘에 구름이 잔뜩 끼더니 21일 동안 거의 계속해서 소나기와 폭우, 천둥과 바람이 일어 돛대를 모두 내려야 했습니다. 날씨가 계속 나쁜 가운데 돛 다섯 개가 찢어지거나 바다가 이를 삼켰습니다. 특히 큰 돛이 완전히 뽑혔는데, 높이 32미터 너비 24미터나 되는 돛이었습니다. 또 한번은 파도가 거세게 내리치자, 돛대 하나가 부러지면서 달려 있던 돛이 함께 바다에 빠졌습니다.

그러다 [1826년] 9월 24일 저희는 또 다른 태풍의 공격을 받았습니다. 모든 돛을 단단히 묶고 높이 올린 돛대는 내려야 했습니다. 그나마 이때까지만 해도 지극히 보통 때와 같은 태풍이었습니다. 하지만 25일 자정이 되자 태풍의 세력이 두 배로 커지면서 대단히 맹렬해졌는데, 선장도 그와 비슷한 태풍은 보기 드물다고 말할 정도였습니다.

기압계 바늘이 가장 아래로 내려갔고 마침내 바닷물은 사방에서 올라왔습니다.

배 안에서는 누워 있을 수조차 없었고 몸이 사방으로 휩쓸려, 몸을 단단히 묶어야 했습니다. 그렇지 않으면 다쳐서 죽을 위험이 있었습니다. 저 또한 저의 큰 짐 가방이 두 차례나 저를 덮쳤는데, 짐과 저 사이에 놓여 있던 의자 덕분에 살았지, 그렇지 않았으면 저는 치여 죽었을 것입니다. 차오르는 바닷물에 익사하지 않도록 끈을 가지고 배의 난간을 사방으로 팽팽하게 묶어야 했습니다. 바람 소리가 매우 거세어 바로 옆에서 말하는 선장의 목소리도 전혀 들리지 않았고, 객실 안에 들어가서야 비로소 들릴 정도였습니다. 거센 바람에 세탁한 옷이 찢어지고 저희가 입고 있는 옷도 벗겨졌습니다.

저는 폭풍을 더 가까이에서 보고 싶었습니다. 그래서 뒤쪽 갑판에 올라가 대들보 하나에 몸을 묶었습니다. 저는 제 다리 하나를 들어 봤는데, 다시 내리려 할 때는 온 힘을 다해야 했습니다. 바람이 부는 쪽으로 몸을 돌리고 싶었지만, 끌어안고 있던 대들보 뒤로 즉시 머리를 숨기지 않았다면 아마 질식했을 것 같습니다. 바람은 12-15미터 높이에 이르는 물기둥을 일으켰는데, 하늘로 치솟다가 폭포수처럼 배 위로 떨어졌습니다.

바람은 소용돌이치며 거센 파도를 일으켰고 파고가 높아 그 사이로 하늘이 언뜻 보일 정도였으며, 대략 18시간 동안 내린 비는 보통 때보다 훨씬 양도 많았고 흙탕물처럼 더러웠습니다. 우리 머리 위로 해가 떠 있긴 했지만 200보 앞의 바다도 보이지 않았고, 바람의 기세가 조금 누그러진 뒤에야 볼 수 있었는데, 그마저 보이는 것은 저 멀리 산맥처럼 치솟는 파도의 물결이 연이어 다가오는 모습이었습니다.

이 웅장한 광경을 가만히 바라보자니 기쁘기도 했습니다. 그처럼 아름다운 모습을 전에 본 적이 없었기 때문입니다. 여러 차례 폭풍을 겪었지만 이처럼 아름다운 폭풍은 처음이었습니다. 솔직히 말씀드리자면 이 폭풍을 보면서 마음이 편안해졌습니다.

뜨거운 열대 지방에서 폭풍이 지나고 고요한 가운데 드러난 달빛은 바다 한가운데에 있는 여행자의 눈길을 사로잡는 유일한 것입니다. 더욱이 선장의 말처럼 '저는 바다 위를 여행한 지 오래되지 않았고, 이 배는 튼튼하게 건조된 게 틀림없습니다.' 실제로 밧줄 하나 끊어진 게 없었습니다.

마침내 [9월] 26일 저녁 6시, 거친 바람이 조금 누그러져 27일에는 폭풍이 멈추리라는 희망을 품었습니다. 실제 그러긴 했으나 저희 예상과는 전혀 다른 방식이었으니, 가장 위험한 순간을 겪은 뒤 멈춘 것입니다.

폭풍이 맹렬하게 내리칠 때면 저희는 보통 바위나 뭍에서 아주 멀리 떨어져 있었습니다. 날씨가 나쁠 때 뭍에 가까이 있는 것이 가장 위험하기 때문입니다. 그런데 이번에는 바람이 대단히 사납고 맹렬하여 배를 멀리 밀어 주었고, 돛을 펴지 않고 돛대도 없는 상태로 18시간 동안 400킬로미터 가까이 지나왔습니다.

새벽 4시, 배가 거대한 바위 곁을 지나다 거의 닿을 뻔했습니다. 이러한 위험을 인지했을 때 모두가 오직 하느님만이 그러한 위험에서 우리를 지켜 주신다는 것을 깨달았습니다.

아침 6시, 또 다른 폭풍을 맞게 되리라는 것을 알아차렸습니다. 그런데 다행스럽게도 앞서 겪은 폭풍의 기세가 현저하게 꺾인 상태라 저희는 항로를 바꿀 수 있었습니다. 만일 폭풍이 몇 시간 더 지속되었더라면 저희 모두 목숨을 잃었을 것입니다.

정오가 되자 파도에 밀려 저희는 또 다른 바위와 부딪혔습니다. 진로를 바꿔야 했고, 이러한 항해를 이튿날인 [1826년 9월] 28일까지 계속했습니다. 그리고 마침내 위험이 완전히 사라졌습니다.

여드레 뒤에 또다시 겪은 폭풍이 제게는 훨씬 더 위험했습니다. 당시 저는 침대에 누워 있었는데, 큰 파도가 일면서 저는 객실 반대편 끝으로 내동댕이치듯 던져졌습니다. 다시 일어났을 때는 손가락 하나가 삐고(이제는 거의 회복된 상태입니다.), 미간 위쪽에 혹이 생겼습니다. 조금만 더 밑[미간 부분]이었다면 즉사했을 것입니다. 오직 하느님만이 이 모든 위험에서 저를 지켜 주셨습니다."

이어서 브뤼기에르 신부는 [배 안에서의] 식사를 이렇게 묘사했다.

"바닥에 단단히 붙어 있는 커다란 식탁을 상상해 보시겠습니까? 바닥에서부터 천장까지 드문드문 튼튼한 들보들로 고정되어 있고, 기둥들을 따라서 철봉들이 달려 있습니다. 큰 식탁 가운데에는 작은 판자들을 매달아 두었는데, 이 판자들은 배가 움직일 때마다 따라 움직입니다. 거기에다 유리잔과 물병을 두었고, 도마들은 철봉에 매달려 있습니다. 접시들을 건네는 동시에 식사할 이들이 자리에 앉습니다. [식사 때에는] 한 손으로는 곁에 있는 들보를 꼭 붙잡고, 다른 한 손으로는 음식을 먹습니다. 이렇게 주의를 기울이며 식사를 해도 종종 자기 접시에 있던 음식을 옆 사람의 옷에 묻히기도 합니다. 미안하다는 인사를 하고 식사를 하는데, 잠시 뒤 반대의 경우가 일어납니다. 배가 한 차례 크게 흔들리자 쓰러지면서 같이 식사를 하던 사람의 머리에 그의 포도주를 쏟고 만 것입니다."

여담을 들려준 브뤼기에르는 이렇게 덧붙였다.

"자, 다시 저희 여행 이야기를 들려드리겠습니다.

이제까지 저희는 폭풍만 겪었는데, 지금부터는 정반대의 날씨를 겪게 될 것입니다. 저희가 다시 항해를 재개하려고 했을 때 바람이 정면에서 불어와 앞으로 나갈 방도가 없었습니다. 그래서 배를 다른 방향으로 선회했고 바람에 이겼다는 생각을 하자마자 이내 바람은 선장의 의도를 알았다는 듯 갑자기 방향을 바꾸고, 저희가 닿고자 했던 편에서 불기 시작했습니다. 이러한 식의 항해가 보름 이상 계속되었습니다.

9월 29일 [마카오까지] 40리외[160킬로미터]만 남아 있었고 10월 7일, 십여 일이 지난 뒤에도 저희는 여전히 같은 자리였습니다. 그동안 400리외[1,600킬로미터] 가까이 항해해 왔음에도 그랬습니다. 부모님께서 보시다시피 이는 썩 유쾌한 일이 아닙니다. 이곳 배 안에서 모든 사람들은 인내하자며 서로를 격려했습니다. 그런데 이러한 격려에도 그동안 힘든 일들을 겪느라 지친 일부 뱃사람들이 투덜대기 시작했습니다.

그들 가운데 한 사람이 가톨릭 사제가 그러한 태풍과 역풍을 몰고 온 원인이라고 말했습니다. 다행히 선장은 그의 말에 그저 웃기만 했고, 또 저를 옹호해 주는 선원들도 있었습니다. 그들 가운데 한 사람이 용감하게 나서서 저를 고소한 검사가 있으니, 자기가 저의 공식 변호사가 되겠다고 말해 주었습니다.

제가 그러한 일을 겪은 것이 이번이 처음은 아닙니다. 보르도에서 저를 자바섬까지 태워 주기로 했던 배에 올랐을 때 그 배에 탄 모든 선원이 저를 두려움의 눈길로 바라보았습니다. 항해 도중 날씨가 나쁠 때마다 참으로 자비롭게 저와 제 동료 신부의 탓으로 돌렸고, 심지어 제 앞에서도 그렇게 말했습니다."

이 힘든 사건에 관하여 이야기한 뒤, 우리의 선교사는 부모님께 아시아 지도에서 코친차이나에 닿기까지 그가 지나온 곳들을 짚어 주었다. 그리고 이렇게 편지를 끝맺었다.

"하지만 이 세상에서 변하지 않는 것이 하나도 없듯이, 바람은 멎었고 희망은 다시 일었습니다. 사람들과 상황이 어떠하든 하느님께서는 제가 안전하게 마카오에 닿기를 원하셨습니다. 저는 지금 매우 건강하며 이 고장의 공기도 더없이 맑고, 바타비아보다는 덜 덥습니다."

마카오에 도착한 브뤼기에르 신부는 파리외방전교회의 총대표로부터 그의 임지를 발령받았다. 그가 가야 할 곳은 시암Siam이었다. 그는 배를 타고 다시 싱가포르를 경유해야 했다.

“ 그가 즐겨 했던 말처럼,
가장 버림받은 외교인들에게
복음을 전하는 일,
이것이 그의 유일한 꿈이었다. ”

Barthélemy
Bruguière

3부

시암 선교사

페낭에서의 활동

방콕을 향하여, 육로를 통한 선교 여행

마침내 방콕

페낭에서의 활동

　1826년 2월 5일 파리를 떠난 브뤼기에르 신부가 페낭[풀로피낭]에 닿은 것은 1827년 1월 12일이었다. 무려 11개월 이상 걸린 셈이었다. 페낭에 도착했을 때 그는 매우 건강해서 그동안의 피로와 심각한 기후 변화로 건강을 염려했던 자신도 놀랄 정도였다.

　프랑스를 떠나올 때 부모님께 편지로 이렇게 말하지 않았던가! "저는 태어난 고국 땅을 영원히 떠납니다. … 바다를 건너다가 또는 뭍에 내리다가 죽을 수도 있습니다. 아무럼 어떻습니까? 하느님께서는 가장 적합한 것을 아시니까요. 하느님의 거룩한 이름이 찬미 받으시기를 빕니다!"

　브뤼기에르 신부가 페낭에 내릴 때 선교사로 파견된 바르브 신부와 부쇼Boucho 신부도 함께했다. 그들은 극심한 과로로 쓰러진

세 명의 전임 선교사를 대신해 페낭에 파견된 것이었다. 시암에는 대목구장代牧區長[7]인 플로랑Florens 주교[8]만 남아 있었다. 그는 연로했고 몸도 불편해 복음의 일꾼이 많이 필요한 방대한 지역을 맡기에는 버거운 상태였다.

브뤼기에르 신부는 석 달 동안 페낭에 머물며 지역 본당 (페낭 공동체에는 네 곳의 본당이 있었다.) 주임 사제로 각종 직무를 맡아야 했던 동료들을 성심껏 도왔다. 그는 선교사들과 교리 교사들, 중국인 신학교의 장상들, 그리스도교 학교의 감독관 일 등을 거들었다.

브뤼기에르는 페낭의 첫 성무 활동을 이렇게 전했다.

"제가 세례를 준 한 사내는 천주교의 주요 신비를 제대로 배우고자 스스로 한동안 노동 시간을 아끼고 아무것도 없는 극빈의 상태로 지내고 싶어 했습니다. 저는 그에게 열정이 너무 지나치다고 말해 주었는데, 그는 용감하게 이렇게 대답했습니다. '참종교를 위해서는 그 어떠한 희생도 힘들지 않습니다.'

하느님께서는 당신 이름으로 받은 물잔을 결코 잊지 않으시는 선한 스승님이십니다. 그리하여 그에 걸맞게 그 사내에게 상급을 주시기를 원하셨던 것 같습니다. 충분히 [교리를] 익히자마자 그는 그만 병이 났습니다. 그는 곧바로 세례를 청했고, 신앙 고백을 했으며, 그리스도교의 대신덕을 응송하고, 경탄할 정도로 또렷한 정신으로 모든 것에 대답했습니다. 그는 마침내 그토록 바라 마지않던 세례를 받았고, 세 시간 뒤 순순하고 거룩해진 그의 영혼은 하느님의 품에 안겼습니다. 하느님을 알게 되자마자 곧바로 그분의 종이 되기를 원했던 이 사람은 적도 인근, 수마트라의 서부 해안에 위치한 니아스Nias섬 출신입니다. 그는 [이곳 페낭에서] 제가 처음으로 세례를 준 성인成人입니다."

브뤼기에르 신부는 동료들을 도우면서 중국인 신학생들과 함께 이 고장의 언어를 배우고 주민들의 풍습을 익혔다.

그는 페낭에 온 지 얼마 되지 않았음에도 이미 외교인의 개종에 관심을 가졌다. 시암 왕국뿐 아니라 케다Kedah, 파라Para, 리고르Ligor, 라오스 지역에 관심을 두었고, 특히 주민들이 그리스도교를 받아들일 마음을 내비치던 니아스섬에 관심을 쏟았다. 그의 본보기이자 수호성인인 프란치스코 하비에르 성인도 들어가지 못했던 방대한 중국 대륙은 당시 [박해를 겪지 않고] 매우 평온해 선교사가 들어갈 [선교할] 수 있는 상황이었다. 브뤼기에르 신부는 자신이 코친차이나[9]로 파견되지 못한 것을 안타까워했다. 코친차이나에서는 민망Minh-Menh 황제가[10] 참된 종교[그리스도교]를 점점 더 증오하면서 박해가 거세지고 있었다.

브뤼기에르 신부는 여전히 늘 조선을 생각했고, 이미 조선에 관한 공부를 하고 있었다. 그는 편지에서 조선인은 "중국인보다 일본인에 훨씬 가깝고, 활발하고 영적이며, 호기심이 많고, 그리스도교를 받아들이자마자 굽힘 없는 신앙을 보여 준 민족"이라고 설명했다.

그들을 구원하고자 하는 열망으로 가득 찬 브뤼기에르 신부의 마음에 이러한 외침이 일었다. "어찌하여 유럽 전역에서 이 불운한 이들을 측은히 여긴 사제가 하나도 없었다는 말입니까?" 그리고 그는 파리외방전교회 장상에게 편지를 썼다. "이 사람들을 불쌍히 여기시어 그들에게 우리 협력자들을 보내 주십시오."

이러한 그의 뜨거운 열정과, 명백한 박해에도 불구하고 오늘날 우리에게 분명히 열려 있는 광대한 나라들에 대한 정확한 예측에 탄복하지 않을 사람이 있으랴!

석 달 열흘을 페낭에서 보내면서 브뤼기에르 신부의 주된 일과

이자 가장 큰 행복은 중국인 신학교에 관심을 쏟는 일이었다. 예전 카르카손의 대신학교와 소신학교에서처럼 그는 그곳에서 신학생들을 가르쳤다. 그는 편지에서 자신은 매일 두 번의 신학 수업과 매주 네 번의 라틴어 수업, 두 번의 성경 강의를 하고 있다고 밝혔다. 그와는 별도로 본당 주임 사제의 직무를 수행하며 동료를 도와 다른 일들도 했다. 특히 장차 사제가 될 신학생들을 영적으로 양성하는 중대한 책임을 맡은 그는 신학생들이 거룩하고 열정적인 사제가 되기를 바랐다. 그러나 항구함이 신학생의 덕목이 아니었던 시암에서 신학생 양성은 매우 힘든 일이었다. 많은 학생들이 꾸준하지 못했고, 최소한의 것을 기대하는 순간 그들은 뒤로 물러났다. 그들에게는 수련을 위해 오랜 시간이 필요했기 때문에 마흔 살 전에는 결코 사제품을 줄 수 없었다.

20여 년 전에 설립된 이 [페낭] 신학교의 신학생 수는 22명이었고, 그중 다음 서품에서 사제 2명, 차부제 1명, 시종직 1명, 삭발례 소품자 4명이 나올 예정이었다. 다른 신학생 2명이 도착 예정이었고, 소신학교에도 21명의 학생이 있었기에 브뤼기에르 신부는 "시암과 인근 선교지들의 미래가 다소 희망적"이라고 말했다.

그는 또한 시암인 사제들도 보살피면서, 그들이 더 많은 선익을 행할 수 있도록 이끌고자 지지하고 격려했다. 그가 보기에 일부를 제외하면 이 성직자들은 열정과 열의가 넘쳤고, 나무랄 데 없는 처신을 보여 주었다. 그들의 성품은 온화하고 차분하며 인내심이 있었지만 "그들의 수장이 유럽인일 경우에만 잘 움직이는" 성향이 있었다. 이것만 제외하면 그들은 용감했고, 외교인 개종에도 유럽인 선교사들보다 훨씬 많은 성공을 거두었다. 그들이 지역의 언어와 풍습을 더 잘 알고 있었을 뿐만 아니라 주민 사이에 스며들기 위해 어떻게 처신해야 하는지도 잘 알고 있었기 때문이었다.

브뤼기에르 신부는 사제들의 조력자인 회장들을 키우는 일도 마음에 품고 있었다. 이 회장들의 역할은 사제들을 도와 외교인들을 가르치고, 그리스도인들이 신앙을 지키도록 지도하는 것이었다. 그러나 게으르고 경솔하며 진중한 일에 전념하기를 좋아하지 않는 시암인들 사이에서 훌륭한 회장들을 양성하기란 매우 힘든 일일 것임을 브뤼기에르는 안타까운 마음으로 확인했다.

그는 늘 흥미롭고 감화를 주는 장문의 편지들을 보냈다. 그의 편지들을 통해 우리는 당시 브뤼기에르 신부의 생활과 감정, 그의 일과 희망을 자세히 알 수 있다.

브뤼기에르 신부는 부모님과 조카들에게 편지를 썼다. 특히 그가 떠난 것을 받아들이지 못하던 어머니에게 자신이 가족들을 잊지 않고 있음을, 늘 생각과 마음으로 일치를 이루고 있음을, 언젠가 하늘 나라에서 다시 만날 수 있도록 기도와 일로 봉헌하고 있음을 글로 전했다. 그는 또한 친구들과 카르카손 대신학교의 제자들, 파리외방전교회의 장상들과도 계속해서 서신을 교환했다.

또한 얼마 전 『교훈적 서한집 Lettres édifiantes』이라는 제목으로 창간된 『전교회 연보 Annales de la Propagation de la Foi』[11]의 지향에 따라 흥미 가득한 견문기를 쓰기도 했다.

그는 페낭의 동료들과 일치를 이루며 지내면서도, 방콕으로 가서 그의 주교와 합류해야 하고, 또 주교의 처분에 전적으로 자신을 내맡겨야 한다는 것을 잊지 않고 있었다.

페낭에서 방콕에 이르는 여정은 어떠했던가?

만약 그가 바닷길을 선택했다면 여정은 좀 더 수월했을지 모른다. 하지만 훨씬 고된 여정인 육로를 선택하면서 브뤼기에르 신부는 시암 왕국에 닿기도 전에 그 속국들에서 자신의 사도직을 준비할 수 있었다. 그 고장들에서 그는 위안을 주는 이들을 만났다.

"지나가는 곳마다 저는 그리스도인들을 만났습니다. 그들은 사제에게 각별한 존경심을 갖고 있습니다. 우리 프랑스에서는 신부들을 모욕하지만, 이곳에서는 사제 앞에 무릎을 꿇고 두 손을 모아 합장을 합니다. 그들은 가톨릭 신앙에 매우 충실한 사람들입니다. 또한 그리스도인이 된 외교인들이 많습니다. 저희 선교사들이 좀 더 많아진다면 그들도 더욱 많아질 것입니다.

… 그 가운데 저는 한 외교인 노인에게 세례를 주었습니다. 그는 우리 거룩한 종교에 관하여 탄탄하게 배웠고, 오래전부터 세례 받기를 청하였습니다. 세례를 주기로 한 바로 그날 저는 오전 10시 즈음 그에게 세례성사를 주었는데, 오후 1시에 그 노인은 눈을 감았습니다. 이렇게 그는 하늘에 오르고자 이 땅을 떠났습니다."

방콕을 향하여, 육로를 통한 선교 여행

우리 선교사는 [1827년] 4월 22일 사백주일[부활 제2주일]에 페낭을 떠났다. (브뤼기에르 신부는 사백주일[불어로 '콰지모도quasimodo']을 그의 고향 방언으로 부드럽게 '파스케토스pasquétos'라 즐겨 말하곤 했다.) 이 여행에는 페낭 신학교의 중국인 신학생이 동행했다. 그는 방콕에 도착해 사제품을 받고, 시암에 거주하는 동포들에게 전교하기 위해 파견될 예정이었다. 그는 여정 동안 브뤼기에르 신부의 중국어 통역과 중국인들의 풍습, 특히 미신에 대해 알려 주는 해설사 역할을 맡았다. 또한 말레이어 통역을 맡은 시암인 교우도 한 명 동행했다. 그는 말레이어와 시암어 통역을 맡고, 장차 선교지들을 위해 헌신하기를 희망했다. 브뤼기에르 신부는 그를 소개하며 이렇게 덧붙였다. "이 사람은 장차 뛰어나고 열정적인 회장이 될 것입니다."

육로 여정은 그에게 우호적이었다. 교우이자 시암 왕국에서 방갈 총독에게 파견된 사절이 일행과 동행하며, 여행길에 통과해야 하는 제후국들에서 일어날지도 모르는 어려움을 없애 주었다.

출발한 지 얼마 지나지 않아 브뤼기에르 신부는 한 작은 왕국의 수도 케다Kédah에 도착했다. 그는 그 속국의 제후인 리고르 왕국의 왕세자를 방문하려 했다. 하지만 여행의 동반인 시암 왕국의 사절이 총독이 먼저 손님을 맞이하는 것이 이 고장의 관례라고 알려 주었다. 실제로 그 제후는 브뤼기에르 신부에게 일등 대신을 보내 그를 치하하면서 자신의 요새로 방문해 달라고 요청했다. 그 요새는 항구를 지키기 위해 대포를 설치한 곳을 울타리로 둘러싼 구조였다. 그 한쪽에 제후의 거처가 있었다. 우리 선교사는 응접실 역할을 하는 긴 복도처럼 보이는 장소로 안내받았다. 그곳의 가구는 바닥에 깔린 돗자리들이 전부였는데, 그중 조금 더 깨끗한 돗자리 두 장이 따로 깔려 있었다. 브뤼기에르 신부는 편지에 이렇게 적었다.

"그곳에서 제가 본 사람들은 안색이 좋아 보이지 않았습니다. 그들은 거의 벗다시피 했고, 허리 둘레에 천 조각 하나만 걸치고 있었는데, 이것이 이 고장의 평상복입니다! 제가 들어가니 모든 사람이 엎드렸고, 저더러 제 자리로 마련된 매트 위에 길게 쭉 누우라는 표시를 했습니다. 곧이어 제후가 모습을 나타냈는데, 매우 잘생긴 청년으로 활기가 넘쳤고, 자신감이 넘치는 눈길로 응시하며 단호하고도 높은 목소리로 명령을 내렸습니다. 그러고 나서 제가 있던 자리에서 조금 멀리 떨어진 매트 위에 누웠습니다. 그가 제게 가까이 다가오자 저는 인사를 하려고 일어섰습니다. 그런데 이것은 무례한 행동이었습니다. 예절 바른 행동이란 그대로 앉아 있거나 누워 있는 것이었습니다. 그 사절이라는 사람이 제게 이 점을 바로 알려 주었습니다.

곧바로 사람들이 구장잎과 빈랑잎(이 식물들은 [껌처럼] 씹기 위한 용도라고 합니다.)이 가득 담긴 작은 접시 두 개를 들고 왔는데, 하나는 제후의 것이고 다른 하나는 저를 위한 것이었습니다.

통역하는 사절은 제 다리 옆, 곧 제가 앉은 매트 밖에 자리를 잡았습니다. 회담이 시작되었는데, 흥미롭지 않은 내용이었습니다. '나이가 몇인가? 언제부터 사제로 지냈나? 어느 나라에서 왔나? 당신네 나라에도 코끼리와 곰과 원숭이들이 많은가?' 등등 … 끝으로 뜻밖의 질문을 했습니다. '그러면 돈은 가지고 있는가?' '거의 없습니다, 폐하!'"

이는 브뤼기에르 신부 일행에게 어느 정도의 경호를 해 주어야 하는지 알기 위한 질문이었다. 그 제후는 사절을 물린 뒤 브뤼기에르에게 이렇게 말했다.

"신부님, 이곳에 며칠 더 머무시죠. 걱정할 건 전혀 없습니다. 신부님을 리고르까지 안전하게 안내할 충실한 호위대를 제공해 주겠습니다."

케다에서 지내는 동안 이 작은 고장의 통치자는 브뤼기에르 신부에게 필요한 모든 것을 제공했고, 심지어 경비병과 시중드는 사람들까지 내주었다.

이곳에서 머무는 며칠 동안 브뤼기에르 신부는 인근 지역을 방문하며 선교를 했다. [이 소왕국의] 수도는 200여 가구가 사는 마을에 불과했다. 집들은 말뚝 위에 대나무를 깔고 억새 같은 지푸라기로 덮은 단순한 구조였다. 벽은 지푸라기가 섞인 대나무 발이 전부였고, 가구도 한두 개의 돗자리가 전부였다. 그 돗자리는 식탁도 되고, 의자와 침대로도 쓰였다.

우리의 선교사는 외교인들 또는 회교도들에게 '종교[천주교]'에 관하여 말하려고 애썼으나, 그의 첫 복음 전파가 큰 성과를 거두었다고 말할 정도는 아니었다. 그는 자신보다 더 큰 성공을 거둔 사람이 자신의 조력자인 회장이었다고 인정했다. 이 [시암인] 회장은 전교를 하면서 그의 말을 듣던 적대자들과 기꺼이 논쟁을 벌였으며, 그들을 교화시키기 위해 열심이었지만 그뿐이었다.

브뤼기에르 신부는 이때의 경험으로 이 고장에서 복음을 전파하면서 맞닥뜨릴 크고 많은 난관을 짐작할 수 있었다. 그의 첫 선교 여행기의 마지막 부분에서 이를 확인할 수 있다.

그곳을 떠나는 날이 되자 코끼리 다섯 마리가 그에게 주어졌다. 브뤼기에르 신부는 코끼리에 올라타 리고르 여행길에 올랐다. 일행은 모두 다섯 명의 여행객과 열네 명의 호위병, 다섯 명의 코끼리 몰이꾼으로 이루어졌다. 브뤼기에르 신부를 제외한 나머지 모두는 무기를 소지했지만, 모두 허술한 것들이었다.

그들은 무딘 검 두 개와 낫 그리고 단검으로 이 고장을 휩쓸고 다니는 200명 가까운 도적에 맞서야 했다. 최근에도 이 도적 떼에게 여행객 9명이 목숨을 잃었다. 브뤼기에르 일행은 여정 중에 목이 베인 희생자 한 사람을 발견했는데, 호위병들은 지원군이 오기 전에는 더 나아가려 하지 않았다.

그 밖에도 많은 위험과 피로에 맞서야 했다. 맹수나 그보다 더 위험한 도마뱀을 만나는가 하면, 늪지를 100킬로미터 넘게 지나야 했고, 큰 강도 여러 번 건너야 했다. 매우 넓은 밀림을 가로질러 갈 때는 도끼를 이용하거나 불을 질러 길을 열어야 했다. 잠도 밖에서 자야 했고, 야생 동물의 접근을 막기 위해 밤새도록 불을 지펴야 했으며, 낮에는 쉬지 않고 걸어야 했다.

뜨거운 태양 아래에 식량도, 가지고 있는 물도 없었다. 일행은 아침 일찍부터 저녁 7시까지 아무것도 먹지 못한 채 계속해서 걸어야 했다. 이따금 허름한 움집들을 지났는데, 거기 사는 주민들은 밀림에서 반쯤 야생인 상태로 살아가고 있었다. 그들의 생계 수단은 도둑질과 강도질이었다.

이 여행은 너무 힘들어 일행 전부가 병이 났다. 다만 브뤼기에르 신부만 예외여서, 그는 이를 기쁘게 자랑했다.

브뤼기에르 일행은 마침내 또 다른 소왕국의 수도인 탈롱 Thalong에 무사히 도착했다. 이 소왕국도 시암 국왕의 또 다른 아들이 제후로 있던 곳이었다. 그는 지친 호위병 일부를 교체해 주었고, 브뤼기에르 신부에게 세 마리의 코끼리를 내주었다. 그곳에는 리고르의 왕이 기다리고 있었다. 왕의 일행은 새벽 4시에 도착했는데, 왕을 호위하는 사람이 300명이나 되었으나, 우리의 선교사의 호위병들처럼 차림새도, 무기도 제대로 갖추지 못했다.

리고르 왕은 브뤼기에르 신부를 알아보면서 말했다. "프랑스인이군." 왕이 행렬을 멈추고 브뤼기에르에게 다가오라는 신호를 보내자, 그 순간 모든 사람들이 얼굴을 땅에 대고 엎드렸다. 브뤼기에르 신부만이 선 채로 "존경의 표시를 하고 강력한 보호의 호의를 베풀어 줄 것을 청했다." 브뤼기에르 신부에게 만나서 기쁘다고 답한 임금은, 알아들을 수 없는 친근한 말을 한 뒤 이렇게 덧붙였다. "시암 사절의 편지를 통해 그대의 바람을 알았소. 내가 모든 것을 마련했소. 리고르에 가면 그대를 사절과 함께 방콕까지 데려다줄 배가 있소." 그러고 나서 임금은 관료들을 향해 이렇게 말했다. "신부를 잘 보필하시오. 길을 가는 도중이나 리고르에서 일절 부족함이 없도록 살피시오."

이런 융숭한 호의에 힘을 얻고 용기를 얻은 브뤼기에르는 왕이 전임 선교사에게 약속했던 대로 수도에 성당을 짓게 해 달라고 요청했다. 왕은 관료들에게 이 미묘한 문제를 전달한 뒤 브뤼기에르 신부에게 대답했다. 그는 이제껏 왕국에는 성당이 없었지만, 시암 왕국의 속국이므로 조만간 방콕으로 가 시암의 왕을 만날 것이라고 했다. 그리고 시암 왕이 동의한다면 자신도 성당을 짓는 것을 막지 않겠다고 했다. 우리의 열정적인 선교사는 리고르 왕의 답변에 기뻐하며 [리고르] 왕이 수도로 돌아오면, 곧장 주교와 함께 방문하겠다고 약속했다.

브뤼기에르 신부는 리고르를 향해 출발했다. 이 여정에서 그는 매우 극진한 대우를 받았다. 진짜 왕실 호위병들의 호위를 받았고, 길을 가면서 부족한 것도 전혀 없었다. 리고르의 수도에 도착한 그의 눈에 들어온 것은 탑들과 예전에 네덜란드인들이 지은 성채의 유적들뿐이었다. 브뤼기에르 신부는 시암 왕국 사절의 환대를 받았다. 그가 브뤼기에르 신부를 초대한 궁은 짚으로 지붕을 이은 초가였고, 브뤼기에르 신부에게 사방이 밀폐된 작은 골방 하나를 마련해 주었다. 그는 숨이 막히긴 했지만 뭇사람들의 눈에 띄지 않으려면 그 골방에 머물러야 했다.

다행히 브뤼기에르 신부가 그 방에서 머문 시간은 길지 않았다. 리고르 왕의 명령으로 '배'가 준비되었기 때문이었다. 그는 울창한 나무들이 매력적인 평원을 떠나는 것이 못내 아쉬웠다. 공기가 맑고 신선해 이방인들이 좋아할 만한 곳이었기 때문이다.

"방콕에 도착하기까지 17일이 걸렸습니다. 사나흘 정도면 충분히 닿을 거리였지만 선발된 승선자의 수가 적정 수의 두 배였습니다. 그런데 지나가며 만나는 섬들과 작은 만(灣)들을 모두 탐험해야 할 것처럼 보였습니다. 해적, 바람과 평온, 달과 조수, 비와 기류 등 모든 것이 어긋났습니다. 명령하는 사람들만 있고 따르는 이가 하나도 없었습니다. 이러한 슬픈 혼란의 결말은 늘 닻을 내려야 한다는 것이었습니다."

우리의 선교사는 설상가상 [배 안에서] 다른 여섯 명의 승객과 함께 부엌으로 사용되는 공간에 묵어야 했다. 그곳은 천장이 가장 높은 곳에서도 앉아 있기 힘들 정도로 협소했고, 출구로 사용되는 덮개를 통과하려면 엎드리며 기다시피 해야 드나들 수 있었다. 이 쉼터에는 화덕이 마련되어 있었는데 낮에는 종일, 밤에도 일정 시간 불을 피웠다. 이 때문에 연기가 늘 자욱했고, 빠져나갈 구멍도 없었다. 게다가 도마뱀들과 파리 떼, 일행 대부분을 문 해충들, 공기 부족, 지나치게 더러운 환경, 나병 환자 한 명과 다른 환자 두 명도 함께 머무는 상황 등으로 인해 도저히 지내기가 힘들었다. [가톨릭] 사제는 가장 눈에 띄는 인물이었기에 브뤼기에르 신부는 이 구멍 같은 곳에서도 가장 깊숙한 곳, 화덕 옆자리를 배정받았다. 브뤼기에르 신부는 이곳이 연옥을 연상시킨다고 말했다.

이 지루하고 힘든 여행은 배가 방콕에 도착하면서 끝이 났다.

마침내 방콕

성령 강림 대축일[1827년 6월 3일], 브뤼기에르 신부는 방콕에 도착했다. 얼마 전 선종한 선교사의 후임을 고대하던 플로랑 주교는 기쁨에 넘쳐 그를 맞이했다. 많은 신자들도 함께 마중을 나와 브뤼기에르 신부를 주교관까지 인도했다. [더 정확히 말하자면 주교관 역할을 하는 초가집이었다.] 브뤼기에르 신부는 "솔직히 말하자면, [주교관이라는] 멋진 이름을 지닌 오두막"이었다고 기록했다.

신학생들도 곧바로 그를 찾아왔다. 그들은 새 선교사의 눈이 파랗다는 것을 이내 알아보고는 학우들에게 그들이 확인한 이 난감한 사실을 서둘러 알렸다.

신입 교우들은 브뤼기에르 신부를 보자마자 서로 다른 감정을 품었는데, 더러는 그들이 잃은 선교사를 떠올리며 눈물을 금치 못했고, 더러는 대신 온 선교사가 열정과 덕행을 이어받기를 희망하며 위안을 삼았다고 한다.

브뤼기에르 신부는 시암인들에게 냉대를 받으면서도, "본성의 눈으로 보면 매우 힘들지만 신앙의 눈으로는 매우 위안이 되는" 장면에 깊은 인상을 받았다.

그의 가엾은 주교는 수많은 노고와 내핍한 생활로 실제보다 훨씬 늙어 보였다. 그는 들보 네 개가 공중에서 떠받치고 있는 남루한 초가집에 기거하고 있었는데, 그 집에 딸린 가구란 낡은 의자 하나, 책 몇 권이 놓인 긴 의자, 초라한 침대 역할을 하는 판자가 전부였다.

플로랑 주교의 의복 또한 호사스러움과는 거리가 멀었다. 다 헤진 보라색 수단 한 벌, 상태가 안 좋은 검정색 수단 한 벌, 모자로 사용하는 밀랍 먹인 천 두건, 그리고 미사를 집전할 때만 신는 구두 한 켤레가 그의 의복이었다. 주교의 상징물도 신자들이 선물한 주교관과 나무로 만든 주교 지팡이, 보석 대신 유리 조각이 박힌 반지뿐이었다.

주교는 하인으로 고용한 중국인 청년들에게 쌀과 생선을 보수로 주어 양식으로 삼게 했다. 전교회로부터 받은 원조금은 사제들과 신학교, 그리고 얼마 전 설립한 병원과 가난한 이들을 위해 사용했다. 그는 가난한 이들의 참목자요 아버지였다.

브뤼기에르 신부는 가족들에게 보낸 편지에 플로랑 주교에 대해 이렇게 적었다. "주교님은 제가 이제까지 본 이들 가운데 가장 금욕적이고 성품이 온화하신 분입니다. 주교님은 가난 속에서도 자족하며 그 누구에게도 화를 낼 줄 모르는 분입니다."

우리의 소중한 선교사는 이렇게 자기 자신에게 엄격하고 희생하는 목자의 완벽한 본보기인 플로랑 주교의 주교관인 오두막에 함께 기거하며, 주교의 일과 고통을 나누고, 그의 영웅적 모범을 본받으며 살았다.

플로랑 주교도 하느님의 섭리로 그에게 온 선교사가 탁월한 덕행과 지성, 헌신과 열정을 지닌 협력자임을 단번에 알아보았다. 그리하여 머지않아 브뤼기에르 신부를 보좌 주교로 삼을 생각을 품었다.

[시암 선교지에서] 처음부터 브뤼기에르 신부는 플로랑 주교에게 비서 신부, 총대리 신부였을 뿐만 아니라 속내를 털어놓을 수 있는 벗으로, 함께 걱정해 주고 마음을 써 주는 사람이었다. 브뤼기에르 신부의 극진한 관심과 보필을 받은 플로랑 주교는 언젠가 그에게 이렇게 말했다. "나의 전임자도 참으로 성인이셨지.[12] 자네가 내게 하듯이 약간의 빵과 포도주를 주는 누군가가 곁에 있었더라

면, 아마 지금까지 살아 계셨을 걸세."

1827년 6월 20일, 방콕에서 [가족에게] 보낸 첫 번째 편지에서 우리의 선교사는 그의 선교지에 와 있는 기쁨을 전하며, "교우들을 방문하고 외교인들을 개종시키겠다."라는 뜨거운 열망을 표출했다. 그러면서 이렇게 덧붙여 말했다. "하지만 저의 주교님께서는 저의 도움이 절실하다는 것을 느낍니다. … 연로하지 않으신데도, 과로와 온갖 것의 결핍으로 건강이 무너진 상태이고, 조만간 아무것도 하지 못하실 것 같습니다. … 따라서 그분 곁에 가능한 한 오래 머물러야 합니다."

플로랑 주교는 그의 새 협력자를 시암 국왕에게 소개했고, 국왕은 브뤼기에르 신부를 매우 반가이 맞으며 말했다. "나는 그대가 여정을 하며 꼭 필요한 것들을 제공받으며 많은 만족감을 얻었다고 들었소. (이는 페낭에서 방콕까지 오는 여정 동안 브뤼기에르 신부가 거쳐 온 지역의 제후들, 곧 시암 국왕의 아들들에게 받은 환대를 두고 하는 말이었다.) 육로로 또 다른 선교사들이 온다면, 이는 내가 대단히 기뻐할 일인데, 마찬가지로 그들에게도 필요한 모든 것을 제공할 것이오."

시암 국왕과의 면담은 신임 선교사에게 매우 우호적이었다. 브뤼기에르 신부는 군주가 비록 외교인임에도 가톨릭 사제들을 언제나 도울 준비가 되어 있음을 보았고, 이를 활용하여 하느님의 일을 적극적으로 도모하고자 했다. 플로랑 주교는 가능한 한 빨리 선교사 한 명을 리고르에 보내기로 결정했다. 리고르의 임금은 브뤼기에르 신부가 그곳을 지날 때 극진히 환대하며 탁월한 우호의 태도를 드러낸 바 있다.

2년 뒤[1829년] 브뤼기에르 신부는 시암 국왕에 대해 이렇게 칭송했다.

"저희는 큰 평온을 누리고 있습니다. … 국왕은 우리 거룩한 종교가 금하는 것은 무엇이 되었든지 그리스도인에게 전혀 요구하지 않습니다. 그리스도인들에게 명령을 내리는 경우가 있을 때에도 죄를 짓지 않고 그것을 할 수 있느냐고 먼저 묻습니다. 그는 전임 국왕들이 그리스도교를 박해한 것은 매우 잘못된 것이었다고 생각하며, 그들의 처신을 그대로 따라하다가 똑같은 운명을 겪지 않을까 늘 걱정합니다. 그는 주일을 거룩히 지내는 일에 특히 엄격합니다. 또 그리스도인들에게 축제일을 지내라고 명했을 때, 바로 그날 그리스도인들은 그들의 종교를 실천하는 데 여념이 없다고 아뢰자 국왕은 곧바로 그 명령을 철회했습니다."

그러면서 브뤼기에르 신부는 [시암 국왕에 대해] 그가 눈여겨본 점을 전했다. 곧 얼마나 많은 프랑스인들이 "그처럼 섬세한 양심과 맹신, 또 왕답지 않은 순수함을 거론할지 모르지만 마지막 심판 때에 그는 그들의 심판관이 될 것입니다."

시암 국왕은 가톨릭 사제들에게 국왕 앞을 지날 때 무릎을 꿇는다든가, 왕궁 앞을 지날 때 깊이 고개를 숙이고 걷는다든가 하는 일부 예절은 면제해 주었다. 그만큼 시암 국왕은 선교사들을 존중했고, 반면에 이교[타 종교] 성직자들은 경시했다.

브뤼기에르 신부는 이러한 배려들 덕분에 시암 선교지의 미래에 대해 단꿈을 품었다. 더욱이 그는 장차 이 시암 왕국에서 비신자들의 개종에 온전히 헌신할 수 있을 때 겪을지도 모르는 어려움에 대비하여 이 나라를 잘 알고자 노력했다. 그 어려움 가운데 하나에 관해서는 장문의 흥미로운 연구 논문을 쓰기도 했다.

브뤼기에르는 현지어인 시암어를 익히면서 이 고장 언어가 매우 어렵다고 단언했다. 시암인들은 가락을 붙여 노래하듯 말했기 때문이다. 하나의 단어에 수많은 의미가 들어 있는 경우도 있었다. 어떤 단어는 스무 가지가 넘는 뜻을 지니고 있었고, 어조의 차이로만 뜻 구분을 할 수 있었는데, 그 차이가 너무 미세하여 현지인들만 쉽게 구분할 수 있었다. 심지어 어떤 단어는 서로 정반대의 것을 가리키기도 했다. 가령 'clai'라는 단어가 'fa'와 함께 발음되는 경우 '멀다'라는 뜻이지만, 'mi'와 함께 발음이 되면 '가깝다'는 뜻이 된다. 브뤼기에르 신부는 애석하게도 시암어를 익히기 위해서 "음악에는 별 재능이 없지만 절대적으로 음악적 재능이 필요하다."라고 토로했다.

반년 동안 시암어를 공부한 후, 그는 가족에게 이렇게 편지를 썼다.

"독하게 공부했지만 이 언어를 익히는 데에 아직 별 진전이 없습니다. 그럼에도 종종 시암 말로 교리를 가르치고 강론을 해야 합니다. 이 선한 사람들은 인내심이 대단하여 제 말을 끝까지 귀담아듣고, [저의 서툰 말에] 웃지도 않습니다. 제가 상처를 받을까 봐 염려하여 기꺼이 그렇게 하는 듯합니다."

브뤼기에르 신부는 플로랑 주교를 도와 축일을 기념하고 서품식을 거행하며 아름다운 전례들을 행했다. 그는 이렇게 전했다.

방콕에서는 "시간 전례를 모두가 모인 가운데 순서에 따라 장엄하게 거행합니다. 이 모습에 저는 [이곳의] 건축물을 처음 봤을 때보다 더 많이 놀랐습니다. 시암에서 주교님이 시간 전례를 주례하는 모습을 보게 될 줄은 상상조차 못했는데, 그 모습은 프랑스의 여느 대성당 못지않게 참으로 장중합니다."

브뤼기에르 신부도 직접 시간 전례를 장엄하게 거행했다. 이는 시간 전례에 관심을 보이며 방콕의 주요 성당 네 곳과 아름다운 경당을 찾아오는 신자들을 만족시키기 위해서였다. 방콕에는 "크고도 적합한" 또 다른 성당을 건축 중이었다. 예식은 놀랄 만큼 품위 있었고, 격식에 맞춰 거행되었다. 젊은 성직자들과 성가대 어린이들은 놀라울 만큼 정확하게 혼연일체가 되어 예식에 참여했다. 사실 이는 어느 정도는 시암인들의 성격에서 기인했다. 신자들은 약하지만 맑고 정확한 음정으로 단선율 성가를 불렀다. 그들은 음악에 특별한 재능이 있었다.

사제는 시간 전례 준비에도 참여해야 했다. 특히 매우 성대하게 거행되는 성체 축일의 큰 행렬에 참여해야 했는데, 이 행렬에 참여한 외교인들은 놀라울 정도로 존경과 경탄을 표현했다.

브뤼기에르 신부는 성무 활동 또한 훌륭히 해냈다. 그는 편지에서 "프랑스의 그 어느 성당보다 더 많은 훈화와 강론, 교리 교육이 있고, 사순 시기에는 일주일에 세 차례 순회 미사를 권장합니다."라고 밝히며, 현지에서의 성무도 모든 관례를 따르고, 신자들이 천주교에 대한 충분한 지식을 갖추어 단단한 신앙을 지닐 수 있도록 양성했다. 그는 아이들이 예닐곱 살부터 기도할 줄 알고, 열 살 무렵에는 기도를 완벽하게 이해하는 것을 보며 기뻐했다.

그는 예비 신자들, 세례 받을 준비를 하는 성인들에게 각별한 관심을 기울였다. 당시에는 성인 예비 신자들이 상당히 많았다. 시암에서 선교를 한 지 두 번째 해를 보내며 브뤼기에르 신부는 이렇게 썼다.

"24명에게 세례를 주었고, 다른 16명에게 임종 대세를 주었습니다. 한 개신교인은 [가톨릭] 교회로 돌아왔습니다. 방콕에서 멀지 않은 아유타야Juthia[13]에는 교리를 배우고 싶어 하는 이들이 50명가량 있고, 수도 방콕에도 몇 사람이 있습니다. 해마다 상당히 많은 성인에게 세례를 주고 있고, 특히 중국인들이 많습니다. 이들은 임종 전 대세를 청하는데, 특히 최근에 주교님이 설립한 병원에 치료받으러 온 이들이 그렇습니다.

가장 큰 위로를 주는 일은 병자들을 방문하는 것입니다. 이곳에서는 프랑스와 달리 사제가 병자들에게 가까이 가는 데 어려움은 없습니다. 애써 거리를 두고 조심하면서 병자에게 고해성사를 집전할 필요가 없습니다. 병자와 그 부모가 죽을 위험이 임박하기 전에 사제를 부릅니다. [프랑스와는 달리] 성직자의 방문이 병을 더 악화시킬 수 있다는 생각을 하지 않기 때문입니다."

브뤼기에르 신부는 [프랑스 신자들의] 이러한 편견에 분개했다. [병자의] 영혼을 구원하기에 해롭기 때문이었다. 그의 고향 나르본은 그런 편견이 없는 곳이었지만, 병자에게 [임박한 죽음의] 두려움을 주지 않겠다는 구실로 사제와 거리를 두게 했고, 때로는 환자가 의식을 잃은 경우에만 사제를 불렀다. 최고의 심판관 앞에 서야 할 영혼에게 이보다 더 잔인한 처우가 있겠는가?

브뤼기에르 신부는 시간이 나면 신자들을 방문하여 기적의 패나 상본, 특히 묵주를 나눠 주었다. 그는 방콕에 도착한 지 석 달이 지나 부모에게 이렇게 전했다. "저는 방콕의 교우들을 방문했습니다. 그들은 사제들을 대단히 존경합니다. 사제들에게 인사하는 방식도 우리와 사뭇 다릅니다. 그들은 엎드리고 양손을 모은 뒤 머리 위로 높이 올립니다." 그다음 편지에서도 이렇게 전했다. "그들은 제 마음을 아프게 할까 봐 무척이나 염려하는 선한 사람들입니다!"

브뤼기에르 신부는 그들을 마음 깊이 사랑하지 않을 수 없다고 말했다. 또한 그에게 위로가 되고 장차 그들의 개종으로 이어질 종교[천주교]의 성장을 주목하며 기쁨을 표현했다.

브뤼기에르 신부가 가장 심혈을 기울인 일은 죽을 위험에 처한 외교인 아이들에게 세례를 주는 것이었다. 그는 이것을 현지인 사제들에게 끊임없이 권고하고, 그들이 없는 경우에는 신자들에게 권장했다. 이는 그에게 큰 위로를 주는 일이었다. 어른들은 신앙을 받아들이는 것을 매우 완강하게 거부했지만, 이렇게 세례를 받은 아이들은 우리의 선교사의 가슴 아픈 마음을 달래 주었다. 이는 또한 비교적 수월한 일이기도 했다. 아이의 부모들은 세례가 아이의 건강을 회복시켜 주는 간단한 약을 처방해 주는 것이라 믿고 전혀 반대하지 않았기 때문이다. 게다가 이 외교 자녀의 대세는 놀랍도록 효과적인 일이었다. 대세를 받은 아이들은 거의 모두가 이렇게 세례를 받은 후 하늘 나라로 갔는데, 이 아이들은 부모의 개종과 선교지의 변성을 위해 기도할 운명을 지닌 아이들이기 때문이었다.

참으로 흥미롭고도 유익한 이 사목에 관하여 브뤼기에르 신부는 1827년 12월 1일 자 편지에 기뻐하며 이렇게 썼다. "몇 달 동안 저희는 비신자 부모의 자녀 1,500명 이상에게 세례를 주었습니다. 성인 영세자도 몇 사람 되는데, 많은 이들이 이미 하늘 나라에 있습니다. 선교사가 없었다면, 이러한 아름다운 일은 없었을 것입니다." 이듬해(1828년) 1월 28일 자 편지에는 이 말을 덧붙였다. "지난해 동안 저희가 짧은 사도 방문을 통해 세례를 준 아이들이 1,600명가량 됩니다. 안타깝게도 사도 방문은 매우 드문 데다 매우 짧고, 또 지금까지는 평신도들이 거의 맡아 왔습니다. 안타깝게도! … [이들은 전교에] 무관심하고 지나치게 소극적입니다."

브뤼기에르 신부는 이러한 신자들을 격려하여 그들을 수도 밖으로, 또 이웃 나라인 라오스로 파견했다. 시암 왕국의 속국이었던 라오스가 봉기하자, 이들을 진압하기 위해 파견된 군대에 그리스도인 군사들이 있었다. 이들은 이때를 활용해 라오스인들 가운데 성인 몇 명을 개종시켰고, 위독한 아이들에게 세례를 주었다.

브뤼기에르 신부는 그의 활동이 만족스러운 성과를 얻자 기뻐했고, 더욱 눈부신 결실을 거두기를 바랐다. 이를 위해서는 자신이 직접 먼 지방으로 가서 사도 활동에만 헌신할 필요가 있었다. 그가 즐겨 했던 말처럼, 가장 버림받은 외교인들에게 복음을 전하는 일, 이것이 그의 유일한 꿈이었다.

그러나 플로랑 주교에게 점점 더 없어서는 안 될 존재가 되어버린 브뤼기에르 신부는 자리를 비울 수 없었다. 플로랑 주교는 "지병이 악화되어 편지조차 쓸 수 없을 정도"였기에, 브뤼기에르 신부가 수도 방콕의 본당들을 맡았고, 사목 활동을 펼쳤으며, 병원의 환자들도 돌보아야 했다.

게다가 매우 중요한 과업이 방콕에서 그를 붙잡았다. 그는 프랑스로 보낸 어느 편지에서 이렇게 썼다. "저 혼자 대신학교와 소신학교를 맡고 있습니다."

그에게는 용감한 협력자들이 많이 필요했지만 현지인 사제들은 그 수가 매우 적은 데다 통솔력과 용기, 열정과 끈기가 부족했다. 이들을 대신하기 위해 브뤼기에르 신부는 회장들을 키우는 일에 전념했다. 그는 선교사들의 활동을 예비하고 뒷받침하기 위해 충분한 교육을 받은 평신도에게 그의 불꽃같은 열정을 전하고자 애썼다.

특히 시암인 사제들을 지도하고 양성하며 그들을 격려하기 위해 그는 프랑스인 사제들을 받고자 했다. 이러한 목적에서 그는 간절한 마음이 담긴 편지들을 그의 친구들과, 카르카손 대신학교 신학생들, 또 카르카손 교구의 총대리를 지냈고 지금은 생플로르 Saint-Flour 교구의 교구장이 된 귀알리 주교와 파리외방전교회 본부에 보내어, 지역적으로는 매우 넓으나 아직 아무도 맡지 않은 선교지에 관심을 갖도록 했다. 그리고 이 감동적인 편지들이 두루 읽히고 이를 통해 사도직 성소를 낳을 수 있도록 『전교회 연보』에 실리게 했다.

안타깝게도 이 지역 비신자들의 개종을 위해 일할 일꾼들은 매우 드문 반면, 경작해야 할 밭은 드넓은 데다 점점 더 넓어지고 있었다.

브뤼기에르 신부는 플로랑 주교에게 새로운 지역들도 받아들일 것을 종용했다. 그는 아래의 지역들을 제안했다.
- 싱가포르와 말라카 제도: 1545년 프란치스코 하비에르 성인이 도착한 곳. 1557년 교황청이 주교관을 설치했으며 당시에는 플로랑 주교의 관할 아래 있었다.

- 아셈Achem: 수마트라섬에 있는 독립 왕국. 이곳을 맡은 주교가 선교사 파견을 요청한 후, 시암에서 선교사들이 오기를 기다리고 있었다.
- 미얀마의 잉와Ava 왕국과 페구Pégu 왕국: 로마[교황청]의 승인으로 이곳들 또한 플로랑 주교에게 맡겨졌다.
- 니아스섬과 파당Padang섬: 각각 수마트라섬의 서쪽과 동쪽에 위치해 있다. 그리스도교를 받아들일 준비가 되어 있고, 이미 그리스도인들이 살고 있었다. 이 섬들 또한 선교사들을 보내 줄 것을 방콕에 요청하고 있었다.
- 라오스 왕국: 시암 북쪽에 위치한 왕국으로 마찬가지로 선교사들을 보내 주기를 원했다. 이미 어느 산에는 '파란인들의 탑Pagode des Parans', 곧 그리스도인들의 교회[성당]가 세워졌고 이를 보존하고 있었는데, 라오스 국왕은 성당 하나를 더 짓고 사제가 상주하기를 원했다.

브뤼기에르 신부는 편지를 이렇게 끝맺었다.

"이렇게 많은 나라에 선교사들을 파견해야 하는 상황인데 그들을 어디서 구한다는 말입니까? 저희를 곤경에서 벗어나게 해 줄

막강한 지원군이 필요합니다."

곧바로 그는 플로랑 주교를 대리하여, 페낭에 그와 함께 왔던 동료 부쇼 신부를 말라카 제도 남쪽으로 파견했다. 부쇼 신부는 나중에 말라카 선교지의 대목구장이 된다.

브뤼기에르 신부는 장시간 자리를 비울 수 있을 때마다 캄보디아 국경 찬타부리Chantabon[14]의 교우촌들을 방문했다. 남부 미얀마의 메르귀Mergui와 타보이Tavoy에서는 현지인 사제 요한 파스칼Jean Pascal이 교우들을 돌보았다. 말라카 제도 해변에 위치한 푼가Punga에는 미얀마인들의 학살을 피해 이주해 온 푸켓[Jongselang]섬의 그리스도인들이 있었다. 브뤼기에르 신부는 각별한 애정을 갖고 있던 페낭섬도 방문했다. 페낭의 신자들은 수가 많고 열심이긴 했지만, 개신교인 선교사들과 추문을 일으키는 유럽인들, 또 그들의 후손들의 위험한 영향을 고스란히 받고 있었다. 끝으로 그는 그에게 여전히 매우 호의적인 리고르와 케다 왕국의 왕들과도 좋은 관계를 유지했다.

하지만 브뤼기에르 신부에게는 아직 이루지 못한 꿈이 있었다. 복음을 전하면서 으레 겪기 마련인 어려움에 더하여 이 고장의 특수성에 따른 어려움이 있었지만 하느님께서 도와주시기에 그 모든 난관을 이겨 내리라 믿었다.

게다가 이미 옛 사도들도 겪었고, 선교사들이 언제나 어디서나 겪는 어려움들은 이러했다.

"기승을 부리는 악마와 이교와의 맹렬한 싸움, 살인적인 기후, 이 지방 나라들과 다양한 언어, 풍습과 관례에 대한 무지, 온갖 결핍과 위험들, 무엇보다 외국인, 특히 [가톨릭] 사제들에 대한 선입견과 불신."

특별히 시암에는 심각한 어려움이 있었다. 너무도 방대한 선교지의 면적에 비해 선교사들은 매우 적었고(프랑스인 사제 2명과 현지인 사제 6명), 교우촌들도 서로 멀리 흩어져 있었다. 또한 신부들을 도울 조력자와 회장들을 양성하는 일도 어려웠다.

여기에 원주민들의 성격이 한몫했는데, 이들은 경솔하고, 진지한 문제에는 무관심하며, 심드렁하고 고집스러웠다. 그들의 처지도 안타까웠다. 그들은 거짓 종교에 대단히 만족하고 있었고, 이 그릇된 종교가 그들의 열정(특히 일부다처제, 아편 등에 대한)을 충족시키는 데에 일조했다.

또한 겉으로 드러나게는 아니지만 그들은 [가톨릭으로] 개종한 이들을 박해하고 학대했다. 게다가 학교와 병원을 짓기 위한 자금도 절대적으로 부족했다. 또한 이곳에서는 개신교인들과 회교도들, 그리고 불교 승려들이 모두 포교 활동을 했다. 백성은 물론 지도자들까지도 신들을 대하듯 극진히 대우하는 이교도 성직자들의 수가 너무 많았다. 실제로 이들은 주술을 부리고, 그리스도인들, 특히 사제들을 모함하여 주민들로 하여금 두려워하게 만드는 파괴자요 폭군들이었다.

또한 원주민들은 유럽인들이 오면 자신들을 무너뜨리고 억압할 거라고 생각했는데, 안타깝게도 유럽인들은 [이곳에서] 너무도 자주 추문을 일으켰다. 끝으로 외국인들이 이 고장을 떠나는 점도 문제였다. 특히 중국인들은 일단 [가톨릭으로] 개종하면 이 고장을 떠났고, 페낭에서 사제 양성을 받으면 그들의 고향으로 돌아갔다.

이상이 300년 전에 선교사들을 받아들였음에도 시암에서 천주교가 별로 성장하지 못하는 이유였다. 더욱이 시암에는 이제껏 유혈 박해도 없었다. 브뤼기에르 신부는 하느님께 많은 영혼들을 바치고자 했고, "순교자들과 특히 (순교) 사제들의 피가 그리스도인들의 씨앗"임을 잊지 않았다. 그리고 그 또한 순교를 갈망했고, 이러한 이유에서 그는 조선으로 달려가고자 했다.

❝ 이곳들도 시간이 지나면
귀중한 씨앗들이 되어
열매를 맺을 수 있을 것입니다. ❞

4부

시암 대목구의 보좌 주교

시암 대목구의 보좌 주교가 되다

주교 서품식

브뤼기에르 주교의 사목 여행

싱가포르에 도착하다

페낭에서의 사목 활동

인근 교우촌 사목 방문

시암 대목구의 보좌 주교가 되다

브뤼기에르 신부는 시암 선교사로 영혼들의 선익과 그의 주교를 보필하며 헌신한 지 채 2년도 되지 않아 주교가 되었다. 이 짧은 시간은 시암 대목구장 플로랑 주교가 소중한 협력자의 탁월한 봉사를 평가하기에 충분한 시간이었다. 플로랑 주교는 다른 누구보다 브뤼기에르 신부가 그의 직무를 나누기에 적합하다고 판단했다.

당시 플로랑 주교는 몸이 안 좋았고 광활한 선교지를 이끄는 데 버거움을 느끼고 있었다. 건강상의 이유로 불가피한 일이 생길 경우를 대비하고, 또 시암 대목구의 장래를 위해 자신을 대신할 보좌 주교의 필요성을 점점 더 느끼고 있었다. 이러한 뜻을 담아 그는 파리외방전교회 신학교 총장과 로마의 포교성성에 편지를 썼다. 그는 편지에서 브뤼기에르 신부가 승계권을 지닌 보좌 주교가 되기를 바란다는 뜻을 피력했다. 이 요청이 받아들여지자 플로랑 주교는 대단히 기뻐했다. 그는 외방전교회 신학교 지도자들에게 편지를 보내어 그의 기쁨을 이렇게 표했다.

"지난 [1829년] 5월 8일 신부님들의 편지를 받고 뒤이어 로마로부터 편지를 받았습니다. 대단히 감사드립니다.
마침내 저의 바람이 이루어졌습니다. 저의 바람이 무엇이었는지 아실 겁니다. 브뤼기에르 신부의 주교 임명 소식은 제게 참으로 기쁜 일입니다. 이러한 임명이 있기 석 달 전 저는 포교성성에 편지를 몇 차례 보냈습니다. 그런데 보시다시피 우리의 바람은 동일한 것이었습니다."

플로랑 주교는 편지를 끝맺으며 이렇게 토로했다. "저는 더할 나위 없이 기쁩니다. 저의 뒤를 이을 후임자가 있으니 저는 이제 평온히 눈을 감을 것입니다."
플로랑 주교 못지않게 동료 신부들, 부모와 친구들, 그리고 브뤼기에르 신부가 사랑하는 방콕의 신자들도 함께 기뻐했다. 그런데 정작 본인은 주교 임명 소식에 슬퍼했고 그러한 높은 직책을 받아들이기 힘들어했다. 플로랑 주교는 파리외방전교회 신학교에 보낸 편지에서 이렇게 전했다. "이 소중한 동료는 한동안 고사하다가 장상들의 지시를 통하여 드러난 하느님의 뜻에 끝내 순명하였습니다."

과연 우리의 훌륭한 선교사가 그에게 마련된 큰 명예를 거부하려 했던 이유는 무엇이었을까? 이는 무엇보다 진솔하고도 지극한 그의 겸손 때문이었다. 브뤼기에르 신부는 그러한 책임을 맡을 능력이 자신에게 없다고 판단했고, 부모에게 보낸 편지에서 "그 임명을 기뻐하고 자랑스러워하지 말고 오히려 새로운 처지에 놓인 자신을 위해 많이 기도해 줄 것을 부탁"한다고 말했다.

더욱이 그는 보좌 주교로 임명된 이상, 앞으로 시암 선교지와 플로랑 주교를 떠나, 조선 포교지를 설립하는 그의 평생의 꿈을 이루지 못하게 될까 봐 걱정하고 있었다.

1829년 5월 29일 편지에서 브뤼기에르 신부는 [부모에게] 이렇게 썼다.

"지금 제가 지명을 받았다고 해서 불쌍한 조선인들을 도우러 가겠다는 저의 뜻이 꺾였다고는 보지 않습니다. 주교님은 교황 성하로부터 보좌 주교를 선택해도 된다는 교서를 받으셨고 저를 염두에 두고 있다고 넌지시 알려 주셨지만 그렇게 되지 않기를 기대합니다. 하지만 제가 온갖 이유를 대며 고사하더라도 주교님은 저의 동의를 요구하실 듯합니다. 이 임명이 저의 계획에 어떠한 장애를 가져올지 모르겠습니다."

브뤼기에르 신부는 그의 주교에게, 교황으로부터 조선 파견 지시를 받게 된다면 떠나도록 허락하겠다는 약속을 받은 뒤에야 비로소 주교직을 수락했다. 한편 그는 그토록 멀리 떨어진, 유럽과 아무런 소통이 없는 그 나라[조선]에서 주교직의 권위가 큰 도움이 될 거라는 생각을 했고, 주교가 된다면 영혼들에게 선익을 주기 위해 더 많은 은총과 힘을 갖게 될 거라는 생각이 들자 비로소 주교직을 받아들였다.

시암의 상황도 한몫했다. 플로랑 주교가 아픈 상태였고, 브뤼기에르 신부가 시암 선교지의 유일한 선교사였기에 거절할 구실이 없었다. 그리하여 그는 "늘 그렇듯이 하느님의 뜻을 이루기" 위해 수락했다.

방콕에서 거행될 브뤼기에르 주교의 주교 서품식은 그의 바람에 따라 성 베드로와 성 바오로 사도 대축일인 [1829년] 6월 29일에 갖기로 했다. 이는 두 성인 사도의 모범을 따르고 그들의 보호를 받기를 바라는 뜻에서였다.

그는 이에 앞서 며칠 간의 피정을 통해 마음의 준비를 했다. 피정을 하며 주교직의 숭고함과 주교직이 요구하는 막중한 의무에 대해 깊이 성찰했다.

앞으로 차차 소개할 편지[1829년 6월 1일 자 편지]를 통해 브뤼기에르 신부가 주교직의 막중한 의무에 대해 얼마나 깊이 생각했는지를 보게 될 것이다.

주교 서품식

방콕의 주교[플로랑 주교]의 편지를 간간이 인용하면서 브뤼기에르 주교 서품식이 어떠했는지 살펴보고자 한다.

"브뤼기에르 주교의 서품식은 두 으뜸 사도 축일인 1829년 6월 29일에 있었다. 예식은 이 고장에서 일찍이 본 적이 없을 정도로 장엄하게 치러졌다. 시암에서는 모든 종교 예식을 자유롭게 행할 수 있기에 가톨릭교의 공적 예배도 파리에서보다 훨씬 자유롭게 행해진다."

전날부터 우리의 예비 주교는 배를 타고 성 십자가 성당까지 인도되었는데, 벌써부터 종소리와 북소리가 내일의 장엄 예식을 예고했다.

"이튿날 성당에 들어가기에 앞서 주교와 사제들과 신자들은 성당 주위를 도는 행렬을 가졌는데, 이때 이 고장의 젊은이들이 화려한 솜씨로 내는 큰 종들의 소리와 작은 종 십여 개의 소리가 한데 어우러졌다. 행렬의 선두에는 악사들이 걸어가며 [가능한 한 요란스럽게 북들을 쳤다.]"

플로랑 주교는 축성 [주례] 주교로서 역할을 다하는 데 매우 기뻐했고, 페낭 신학교에서 온 두 명의 지도 사제도 로마로부터 받은 특권에 따라 주교 성성식에 반드시 필요한 보조 주교의 자리를 맡았다. 세 번째 지도 사제는 사도좌 공증의 역할을 맡았다.

브뤼기에르 주교는 갑사Capse의 주교라는 명의를 받았다. 갑사는 옛 주교구의 이름으로, 지금의 튀니지 가프사Gafsa를 말한다.

"방콕과 인근 지역의 그리스도인들은 그들의 불굴의 선교사를 두고 감사해하고 그가 주교직에 오른 것에 자랑스러워하며 기쁨에 가득한 표정으로 예식에 참석했다.
많은 우상 숭배자들, 시암인과 중국인, 그밖에 다른 종족 사람들도 주교 성성식에 참석하였고, 시암 국왕의 일등 대신 바르칼

롱Barcalon도 그의 누이인 시암 왕비와 형제와 함께 참석했다. 바르칼롱과 그의 형제는 새 성당의 벽면 쪽에 앉았는데, 벽돌 위에 겨우 앉아 있어 야외에 있는 셈이었다.

모든 것이 질서정연하고도 매우 정숙하게 진행되었다. 새 주교가 장엄 강복을 하자 모두가 성당을 나가면서 처음과 비슷하게 다시 행렬을 했고, 이 행렬을 마친 뒤 새로 선출된 주교에 대한 축하식이 있었다. 참석한 이들 가운데 하나가 힘차고 생기에 넘치는 목소리로 축가 '오래도록Ad multos annos'을 부르기 시작하자 다른 모든 이가 같은 어조로 '사시길 빕니다Vivat.'로 화답하였고, 이 노래를 연이어 세 차례 불렀다."

성령으로부터 새로운 힘과 더욱 넘치는 은총의 주교직을 받은 지금, 특히 시암에서 매우 어려운 외교인 개종의 과업에 매진하는 데 필요한 더욱 많은 권위가 생긴 우리의 경애하는 선교사는 앞으로 무엇을 할 것인가?

이 무거운 물음에 대한 답을 그가 부모에게 보낸 편지에서 찾아볼 수 있다. 이를 통해 우리는 그가 그러한 물음을 두고 얼마나 깊이 숙고했는지 알 수 있고, 그의 소감과 계획도 확인할 수 있다. "(조선으로 떠날 때를) 기다리며 저는 저의 선교지에서 저의 소임을 다하고자 노력할 것입니다." 그리고 브뤼기에르 주교는 그 방법에 관해 이렇게 이야기했다.

참으로 소중한 아버지, 어머니께,
마침내 부모님의 편지 두 통, 곧 1827년 3월 6일과 1828년 1월 21일의 편지를 받았습니다. 이 편지들을 받고 얼마나 기뻤는지 모릅니다. 기대하지 못했던 편지들인 만큼 더욱 그랬습니다. 저는 부모님이 더 이상 제게 편지를 보내지 않으실 거라 생각했습니다. 사실 부모님의 편지를 받지 못한 지 3년이 훨씬 지났습니다. 그런데 편지를 쓰신 날짜를 보니 운송 도중에 많이 지체되었음을 알았습니다. 이는 거리가 멀리 떨어진 데다, 유럽인들의 왕래가 잦은 인도의 항구들과 시암 사이의 연락이 적은 탓이 아닐까 합니다.

며칠 전 저는 부모님께 편지를 썼기에 저희 선교지의 현황에 관하여 새로 드릴 말씀은 없습니다. 지금도 돌아가는 사정은 비슷하기 때문입니다.
저희 동료 사제 가운데 선교사 한 명이 며칠 전 시암에서 대략 700리외[2,800킬로미터] 떨어진 섬(니아스섬)으로 파견되었습니다. 그

섬 주민들은 그리스도교를 받아들일 준비가 잘 되었습니다. 이미 세례를 받은 섬 주민들 가운데 여러 명을 저도 알고 있는데, 대단히 신실한 교우들입니다. 이후 그 선교사가 거둔 성공의 소식은 아직 없습니다.

저는 그 대신 가기를 몹시 바랐으나, 현재로선 방콕을 떠날 수 없습니다. 대신학교와 소신학교를 저 혼자 지도하고 있기 때문입니다. 나중에 갈 기회가 된다면 더없이 기쁠 것입니다.

제가 제대로 이해한 것이라면, 부모님은 편지에서 제가 주교로 임명받은 것이 사실인지 물으셨습니다. 제게는 애석하지만 사실입니다.

저는 오랫동안 고사했으나 결국 받아들여야 한다고 생각했습니다. 하느님의 뜻으로 여겨지자 비로소 저는 수락했습니다.

저는 갑사의 주교라는 명의로 시암 대목구장의 보좌 주교로 임명받았습니다. 이달 6월 29일, 베드로 [바오로] 성인 축일에 주교품을 받게 됩니다.

그런데 제가 놀란 점은, 교황 성하께서 [1828년] 2월 5일 로마에서 승인하시어 서명한 칙서를 보냈다는 사실을 이미 부모님께서 1828년 1월 21일 레지낭에서 알고 계셨다는 것입니다. 다시 생각해도 조금은 심한 것 같습니다.

또한 부모님의 글에 담긴 표현으로 볼 때 그 소식을 유감스럽게 생각하지 않으시는 것 같습니다. 하지만 저는 부모님의 마음과 같지 않습니다. 주교직에 뒤따르는 의무들이 얼마나 많은지를 아신다면, 주교가 얼마나 재능과 열정, 마음 씀과 인내를, 특히 성덕을 갖추어야 하는지 아신다면, 아마 지금 저의 처지를 보시고 한탄하셨을 겁니다.

성덕에서 사제가 평신도보다 앞서야 하는 것처럼, 주교는 성덕과 공로에서 여느 사제보다 더 앞서야 합니다. 주교는 한 교구의 으뜸 사제로서 언젠가 최고의 심판관 앞에 섰을 때 사제로서 그가 행한 처신에 대해서뿐만 아니라 신자로서 그가 행한 처신에 대해서도 대답할 수 있어야 합니다. 주교는 늘 깨어 있는 모습으로 모든 이들을 돌보아야 하고, 말보다는 행동의 본보기로 죄인들이 회심하도록 이끌고, 나약한 이들에게 버팀목이 되어 주며, 의로움의 힘든 길을 가는 이들에게 새로운 열정을 불어넣어 주어야 합니다. 한마디로 말해, 주교는 자신의 양 떼를 직접 이끌면서, 또는 하느님의 마음에 따라 목자들을 보내어, 그들의 구원을 위해 늘 뜨거운 열정을 가지고 일해야 합니다. 이것이 으뜸 목자의 의무입니다.

그런데 선교지에서 주교의 책임은 훨씬 더 큽니다. 선교지의 주교는 특별히 비신자들의 개종을 위하여 일해야 합니다. 규칙과는 거리가 먼 성향을 지닌 그들은 그와 정반대인 새로운 종교를 선뜻 받아들이지 못합니다. 내면의 법[자연법]에 저항하고 양심의 소리를 듣지 못하는 이들을 위해, 주교는 날마다 주님의 자비를 청해야 합니다. 또한 그들의 편견과 선입견을 없애고, [제대로 못 보게 만드는] 눈가리개를 떼어 주기 위한 최적의 방법이 무엇인지를 빛이신 [하느님] 아버지께 끊임없이 청해야 합니다. 끝으로 주교는 자신을 주님께 바치는 희생 제물이 되어, 비신자들의 완고함을 누그러뜨리고, 그들의 부정을 없애는 넘치는 은총을 구해야 합니다. 프랑스보다 훨씬 더 큰 지역을 맡는 대목구장은 진심을 담아 우리 주님께서 당신의 아버지께 하신 말씀을 드릴 수 있어야 합니다. "타락한 아들, 곧 저의 모든 정성에도 불구하고 멸망하기를 원했던 이를 제외하고, 아버지께서 제게 맡기신 이들을 하나도 잃지 않았습니다." 이것이 언젠가 저의 슬픈 상황이 될 것입니다. 부모님께서 저를 사랑하신다면, 저의 처지를 애통해하실 것이고, 끊임없이 저를 위해 기도해 주실 것입니다.

이 직책을 휘감고 있는 화려함과 눈부심이 겉으로 드러난 위험을 조금 덜어 주리라 생각하실 수도 있습니다. 다른 곳이라면 그럴 수도 있지만 이곳 시암에서는 결코 그렇지 않습니다.

멋진 가구들로 장식된 궁전, 화려한 경당, 사치스러운 기차, 수많은 수행원들과 하인들, 온갖 물건을 지녔으리라 상상하실지도 모르겠지만 대목구장 주교와 특히 보좌 주교의 거처는 매우 협소한 갈대로 만든 움집일 뿐입니다. 그는 말을 탈 엄두조차 내지 못하는데, 말도 없고 그것을 살 돈도 없기 때문입니다. 모자도 쓰지 않고 맨발로 다니며, 미사를 드리러 갈 때에만 구두를 신습니다. 의복도 한쪽이 다 해지고 또 다른 한쪽은 다른 천을 덧댄 수단 한 벌이 전부입니다.

그의 경당도 더할 나위 없이 소박한 장식들로 이루어져 있는데, 나무로 만든 주교 지팡이와 화려함과는 거리가 먼 주교관, 보석 대신 유리 조각이 가운데 박힌 반지 등입니다.

이상이 방콕의 주교관에서 볼 수 있는 귀중품들입니다. 좋든 싫든 이곳에서는 사도 시대[초대 교회]의 소박함을 닮아야 합니다. 분명 프랑스에서는 제아무리 가난한 마을의 보좌 신부라 해도 선교지의 주교들만큼 가난하게 지내고 매우 단출하게 갖추고 살지는 않을 것입니다.

이에 더하여 [이곳에서] 성무를 행하며 겪는 온갖 슬픔과 모순을 생각해 보십시오. 부모님의 아들이 [주교로서] 두른 위엄이 어떠한 것인지 조금은 짐작하게 되실 것입니다.

부모님께 포옹의 인사를 드립니다. 저를 위하여 선하신 하느님께 기도해 주십시오.

지네스타Ginestas의 주임 신부님과 베르트랑Bertrand 부인에게 저의 감사의 뜻을 전해 주십시오. 카르봉Carbon 씨도 마찬가지입니다. 작년에 제가 그분께 편지를 썼는데, 받으셨는지요? 부모님의 본당에도 주임 신부님이 계시지요?

1829년 6월 1일, 방콕
부모님의 지극히 순종하고 공손한 아들 드림
갑사의 주교 바르텔레미 브뤼기에르

J. M. J. (예수 마리아 요셉)

참으로 소중한 아버지, 어머니께,

지난 6월 저의 주교 서품식을 며칠 앞두고 부모님께 편지를 썼습니다. 그 편지를 잘 받아 보셨기를 바랍니다.

지난해에도 편지 한 통을 보내 드렸는데, 안타깝게도 중간에서 분실된 것 같습니다. 그 편지 전달 책임을 맡았던 선장이 다른 방향으로 갈 수밖에 없었기 때문입니다. 저도 이 사실을 최근에 알게 되었습니다.

얼마 전 편지에서 저는 부모님께 저희 주교님이 연로하시고 몸이 불편하여 교황 성하께 보좌 주교를 둘 수 있도록 허락을 받았다는 말씀을 드린 바 있습니다. 그런데 주교님이 그 보좌 주교로 저를 선택하셨습니다. 그리하여 저는 지난 6월 29일, 성 베드로와 성 바오로 대축일에 갑사의 주교이며 시암 대목구의 보좌 주교가 되었습니다.

주교직은 참으로 버겁고 견디기 힘든 짐입니다. 제가 이에 짓눌리지 않도록 저를 위해 선하신 하느님께 기도해 주십시오.

당분간 신학교에서 지내며 저는 24명의 청년들을 가르칠 것입니다. 이들은 신심 깊고 매우 양순합니다. 아마도 내년에는 저희 포교지에서 또 다른 극지로 가야 할 것입니다. 그곳은 500리외[2,000킬로미터] 이상을 가야 닿는 곳입니다.

지금은 자세히 말씀드릴 시간이 없지만, 기회가 닿으면 더욱 상세한 편지를 쓸 수 있을 것입니다. 아마도 1년 뒤가 될 것입니다. 서신 연락의 어려움 때문에 그렇습니다.

주교로서 부모님께 저의 강복을 드리며 또 아들로서 부모님의 축복을 청합니다.

1829년 10월 15일 방콕

사랑하는 부모님의 지극히 순명하며 매우 공손한 아들

갑사의 주교 바르텔레미 브뤼기에르

브뤼기에르 주교의 사목 여행

주교 서품을 받은 뒤 브뤼기에르 주교는 새로운 열정으로 활동을 재개했다. 그가 받은 은총을 주변 사람들에게 전해야 하지 않았겠는가?

브뤼기에르 주교는 플로랑 주교에게 더욱 공손하고 애정이 넘치며 헌신적인 모습을 보여 주었다. 그는 플로랑 주교를 사랑했고 성인을 따르듯 존경했다. 나중에 브뤼기에르 주교는 그가 달단에서 갑작스러운 죽음을 맞기 며칠 전 플로랑 주교의 부고를 전해 들었을 때 몹시 마음 아파하며 애통해했다.

브뤼기에르 주교는 서품식을 마치고 곧바로 플로랑 주교를 떠나 사목 순회 여행을 떠났다. 시암 선교지의 오지를 찾아가고 견진성사를 베풀며 페낭의 본당들을 방문하여 성무 활동을 펼치기 위해서였다. 그런데 이 사목 여행 이후로 그는 플로랑 주교를 다시는 만나지 못한다.

플로랑 주교가 그에게 지시한 것은 [시암 선교지에서 선교사의 발길이 닿지 못한] 가장 소외되고 멀리 떨어진 교우촌들을 찾아 방문하라는 것과, 교우들이 많이 사는 중심 지역들에서 새롭게 개종 운동을 펼치라는 것이었다. 이는 플로랑 주교 자신이 이미 3년 전부터 시암에서 펼쳐 온 사목 방침이었으나 그의 선의와 열정적인 기도에도 불구하고 큰 성과를 거두지 못하고 있었다.

우리는 여기서 브뤼기에르 주교의 여행을, 곧 그의 사목 방문을 따라가 보고자 한다.

1830년 2월 13일 사순절 전 주일 이른 아침 브뤼기에르 주교는 방콕을 출발했다. 그런데 강의 수위가 너무 낮아 배가 강둑을 빠져나가지 못했고, 출발이 지체된 덕분에 그는 다시 뭍으로 돌아와 미사성제를 드릴 수 있었다. 그가 다시 배를 타려고 하자 신학생들과 사제 한 사람이 그와 동행하기를 원하면서 그들은 네 척의 작은 배를 나눠 탔다. 강 한가운데에 이르자 강폭이 1킬로미터는 족히 되었고 거센 바람과 물살이 일면서 배 두 척이 엎어질 듯 흔들렸다. 다른 두 척의 배도 여러 차례 뒤집어질 뻔했다.

다행히 하느님의 각별한 보호로 그러한 불행은 일어나지 않았다. 이 배들에 나눠 탄 승객들은 수영을 할 줄 몰랐기에 배가 전복되었다면 익사했을 것이다. 강의 수심도 14-15보(곧 5-10미터)는 족히 되었기 때문이다.

또다시 하느님의 섭리로 바로 그 순간, 이 조난자들을 구하러 일부러 나타난 것처럼 큰 배 두 척이 지나갔다.

브뤼기에르 주교는 이 사목 여행을 하면서 연이어 겪은 고충들이 첫 여행 때보다 덜하지 않았다고 말했다. 평소라면 닷새면 닿을 거리를 50일이 걸려 도착했기 때문이다.

이렇게 길고 험난하며 위험하기까지 한 뱃길 여행에서 대개 겪게 마련인 "불편함들"을 그도 겪어야 했다. 게다가 여기에 선원들로 인한 고충이 더해졌다. 그들은 차마 지켜보기 힘들 정도로 무능하고 겁도 많으며 게을렀다.

싱가포르에 도착하다

마침내 1830년 4월 3일 브뤼기에르 주교는 싱가포르에 도착했다. 때마침 그날은 부활절이어서 제때에 부활 미사성제를 드리는 행복을 맛보았다. 싱가포르의 신자 수는 330명이었고, 대부분이 가난했다. 인접한 빈탄섬의 리오Rhio는 네덜란드의 거점 지역으로 40여 명의 신자들이 있었다. 브뤼기에르 주교는 싱가포르에서 80명이 넘는 교우들에게 견진성사를 주었다. 짧은 체류였지만 그는 싱가포르의 신자들에게 고해성사와 성체성사를 주었고, 이 섬을 잘 알게 되었다며 기뻐했다. 페낭에서 함께 지낸 그의 동료 부쇼 신부가 장차 이곳 싱가포르의 주교가 된다.

브뤼기에르 주교는 이어 말라카도 방문했다. 그곳 교우촌을 담당하고 있던 사제는 싱가포르에서 주교를 태운 배가 도착했다는 소식을 듣자마자 교우촌의 신자들을 총동원했다. 그는 브뤼기에르 주교를 마중하고자 자기 돈을 들여 작은 배를 보냈다. 브뤼기에르 주교는 배를 옮겨 탄 뒤 강을 따라 올라와 뭍에 내렸고, 다시 그 신부가 마련한 탈것을 타고 말라카에 도착했다. 이곳을 떠날 때 교우들 가운데 지역 유지들이 배까지 그를 배웅해 주었다.

말라카의 이 착한 주임 사제는 [인도] 고아 대주교의 대리로서, 브뤼기에르 주교가 이제까지 본 적이 없을 정도의 환대를 해 주었고, 주교에게 400명이 넘는 신자들에게 견진성사와 고해성사를 베풀어 달라고 청했다. 만일 선주가 하루만 더 기다렸다면 견진을 받은 교우의 수가 천여 명에 이르렀을지도 모른다. 하지만 선주는 일정을 하루 더 연장하는 데 상당한 금액을 요구했고, 교우들은 그만큼은 주어서는 안 된다고 판단했다.

페낭에서의 사목 활동

    1830년 4월 21일 페낭에 도착한 브뤼기에르 주교는 곧바로 페낭 신학교로 향했다. 주교는 이미 몇 달 전 사랑스러운 동료들과 함께 그곳에서 머문 적이 있었고, 그들 중 둘은 [시암] 선교지에 브뤼기에르 주교와 함께 왔던 이들이었다. 브뤼기에르 주교는 페낭 신학교의 방문을 이렇게 전했다. "이곳의 환대는 말라카에서만큼 좋지 않았습니다. 처음에는 문도 열어 주지 않았답니다." 너무 늦은 시간에 도착했기에 주교가 오리라 아무도 예상하지 못했기 때문이었다. 하지만 브뤼기에르 주교를 알아보자 예전에 그가 애정을 쏟았던 그곳 사람들의 기쁨은 대단했다!

    브뤼기에르 주교는 자신이 애정을 갖고 있던 페낭 신학교에서 훌륭한 동료 신부들을 재회하는 기쁨을 누렸다. 이제 그는 주교가 되어 그들 곁에 돌아왔고, 그 어느 때보다 깊은 애정과 헌신으로 그들을 대했다. "롤리비에Lolivier 신부는 매우 허약해졌고 콘포르티Conforti 신부도 마찬가지였다. 다행히 부쇼 신부는 다 나아 있었다. 애석하게도 페낭에서 바르브 신부를 만나는 기쁨을 갖지 못했는데, 이 친애하는 동료는 대단히 아픈 상태였고, 도중에 각혈까지 했다."

한편, 플로랑 주교는 모울메인Molmein[15] 선교지로 가겠다고 그에게 알려 왔다. 미얀마 남부의 이곳은 시암과 이웃한 지역으로 시암 임금의 속국이었다. 브뤼기에르 주교는 그곳이 말라카 제도와 다른 이웃한 섬들처럼 언젠가 시암 대목구에 속하게 되기를 희망했다.

브뤼기에르 주교는 페낭 신학교에, 그가 그토록 사랑하는 동료 신부들이 지내는 곳에 그의 거처를 정했다. 그는 처음 [시암] 선교지에 도착했을 때 그들과 몇 달을 함께 보낸 적이 있었다.

1830년 5월 30일, 성령 강림 대축일에 브뤼기에르 주교는 타베르Taberd 주교의 서품식을 집전하는 기쁨을 가졌다. 타베르 주교는 코친차이나 대목구장이 되었다. 원래는 통킹의 주교들이 그에게 주교품을 주어야 했으나 당시 통킹 선교지 전체가 극심한 박해를 겪고 있어 그러지 못했고, 타베르 주교는 주교 서품식을 위해 페낭으로 와야 했다. 그리하여 페낭 신자들에게 타베르 주교의 서품일은 더없는 축일이 되었고, 브뤼기에르 주교에게도 대단히 큰 기쁨이 되었다. 맨 처음 그의 발령지가 바로 코친차이나였기도 했고, 지난 7년 동안 주교가 없는 상태였던 그 선교지에 주교를 보내 줄 수 있기 때문이었다.

   페낭에 자리를 잡은 우리의 열정적인 주교는 선교사들 가운데 가장 막내인 것처럼 사목 활동에 몸과 마음을 다해 헌신했다. 그는 본당 주임의 직무를 다하는 한편, 말라카 제도로 사목 방문을 떠나는 부쇼 신부를 대신하여 그의 교우촌들도 맡았다.
   또한 브뤼기에르 주교는 페낭 신자들의 지적·정신적 수준을 높이고, 또 대중에게 해를 끼치는 수많은 죄인들을 바로잡고자 노력했다.

   가장 큰 어려움 가운데 하나는 서로 다른 말을 쓰는 교우들을 모두 지도해야 한다는 것이었다. 브뤼기에르 주교는 그들의 말을 모두 잘하고 싶었다. 그는 중국어를 배우기 시작했다. 이는 페낭 신자들이 주로 사용하는 말이면서 신학교 학생들이 사용하는 언어였기 때문이다. 브뤼기에르 주교는 성실하게 중국어를 배웠다. 게다가 그는 중국어 공부를 즐겨 했는데, 이는 장차 그가 중국 대륙을 횡단하고, 또 늘 그가 생각하는 조선에서 사목하게 될 때를 대비하기 위해서였다.

또한 페낭에서 그는 종교[천주교]가 눈에 띄게 성장하는 것을 확인하며 기뻐했다. 그는 편지에서 이렇게 알렸다.

"페낭의 교우촌은 12-15년 전보다 훨씬 많이 나아졌습니다. 이 다행스러운 변화는 교우들이 가난한 덕분이기도 하고, 유럽인들이 이곳에 식민지 건설을 포기한 덕분이기도 합니다. 만일 교우들이 풍족했다면 무절제에 빠졌을 수도 있습니다. 또한 유럽인들이 이곳에 정착하여 살아갈 방법을 찾았다면 식민지를 세웠을 것입니다.
신입 교우들의 수가 해마다 늘고 있는데, 특히 중국인 신입 교우들이 늘고 있습니다. 1830년 성무 활동을 통해 얻은 영세자들을 살펴보면, 성인 영세자 88명, 임종 대세자 9명, 임종 대세를 받은 외교인 자녀 7명입니다. 여기에 방콕의 영세자들을 더하면 성인 영세자는 총 137명이고, 이 가운데 임종 대세를 받은 이들은 23명입니다. 임종 대세를 받은 외교인 자녀는 667명이고, 교회와 화해한 개신교인이 1명이며, 예비 신자는 최소 200명입니다."

한편, 브뤼기에르 주교는 신자들의 영적 가치에 관한 매우 흥미롭고 감동적인 일화를 들려주며 이렇게 썼다.

"비록 신자들이 매우 다양한 민족과 계층으로 이루어져 있지만, 그들 가운데 단연 희망을 주는 이들은 중국인 신자들입니다. 이들은 다른 교우들에게 귀감이 되고 초대 교회 신자들과 같은 모습을 보여 줍니다. 그들 대부분은 자신들의 가족과 친지들을 개종시키고자 일부러 고향으로 돌아갔고, 다행스럽게도 고향에서 그들의 사명을 완수했습니다. 또 다른 많은 중국인 신자들은 그렇게 멀리까지 가지 않더라도 이곳 페낭에 사는 동포들에게 그들의 열정을 발휘하고 있습니다. 그 가운데 한 교우는 가진 재산이 별로 없음에도 자기 공장에서 만든 물건들을 모두 희사하여 가난한 동포들에게 양식을 주고 종교[천주교]를 가르치는 데에 쓰고 있습니다."

브뤼기에르 주교는 훌륭한 교우들을 끊임없이 격려했고, 그들에게 각별한 예우를 표하며 최선을 다해 그들에게 보답하고자 했다. 그가 전하는 다음의 이야기를 통해 우리는 그러한 그의 마음을 읽을 수 있다.

"[페낭의 중국인 교우들 가운데] 최초의 회장이 얼마 전 선종했습니다. 그는 성인聖人이었고, 그의 동포들에게 아버지와 같았습니다. 가난한 이들에게 그는 기댈 수 있는 기둥이었고, 아픈 이들에게 그는 의사였습니다. 그는 모든 중국인들의 사도였고, 모든 교우들의 귀감이었습니다.

저는 뭔가 특별한 것으로, 선교지에 그토록 많은 도움을 주었고, 모든 교우들이 이미 하늘 나라에 있다고 생각하는 그를 기억하며 기리는 것이 저의 의무라고 생각했습니다.

그리하여 저는 그의 장례 미사를 직접 주례했습니다. 주교가 집전하는 연미사를 바쳤습니다. 탄유Tanyou에 있는 모든 사제들이 장례 미사에 참석했고, 외교인 중국인들도 많은 도움을 주었습니다. 이 예식을 통해 예비 신자 수가 늘어나기를 희망합니다.

성인과도 같았던 회장의 영혼을 위해 장엄 미사를 거행하던 날 저는 그의 덕행을 한마디로 표현하고 싶었습니다.

그의 독실한 신심을 보면서 어떤 성공회 신부는 질투심을 품고 그를 가톨릭 교회에서 빼내 가려 했습니다. 그리하여 그 성공회 신부는 그에게 궤변 같은 질문을 했답니다. 어느 날 그는 우리 회장에게 자기와 합세할 것을 권했습니다. 그러자 그 회장은 이렇게 대답했답니다. '그런데 합세해야 할 사람은 오히려 당신입니다. 우리에게 와서 합치셔야 합니다. 먼저 있었던 우리를 당신이 저버렸으니 말입니다.'

[그러자 그 성공회 신부가 이렇게 답했답니다.]

'아니, 완전히 갈라선 건 아니라오. 우리는 그저 몇몇 조항을 수정하고, 힘들고 불필요한 몇 가지 실천들을 없앴을 뿐이오. 게다가 우리 종교[성공회]는 가톨릭과 똑같소.'

[우리 회장은 이렇게 말했답니다.]

'뭐라고요! 외람되이 교회를 개혁하고, 경솔하게 하느님의 일에 손을 댔다는 겁니까? 만일 중국이었다면, 국법을 단 한 획이라도 고치려고 하는 무모한 자가 있다면, 사형에 처해졌을 겁니다. 하물며 겁도 없이 하느님의 법을 고친 자는 어떠한 처벌을 받겠습니까?'

이렇게 대답한 뒤 그 회장은 성공회 신부를 두고 떠났고, 신부도 논쟁을 계속할 마음을 접었답니다.

아! 참으로 용맹한 교우이지요! 외교인들의 고장에서 참으로 놀랍도록 감탄할 만한 사람입니다! 우리 [프랑스] 가톨릭 신자들 가운데 그와 같은 이들이 과연 몇이나 있을까요? 하느님께서는 이를 원하고 계십니다."

중국인 교우들을 칭송한 뒤 브뤼기에르 주교는 그날 시암의 예비 신자가 보여 준 용맹의 예를 함께 전했다. 한 부유한 중국인이 조난을 당해 그의 전 재산을 잃는 불행을 겪었다. 도움을 받지도 못하고 병이 난 그는 여느 사람들처럼 천주교인들의 우두머리(곧 대목구장)에게 도움을 청했다. 그를 치료하던 중국인 의사가 종교[천주교]에 관하여 그에게 이야기했고, 그는 신앙의 빛에 눈을 떠 세례를 청했다. 그는 치료를 받고 얼마 지나지 않아 브뤼기에르 주교에게 세례를 받고 견진도 받았다.

그 중국인 교우는 이내 다시 장사를 시작하고자 했는데, 불행하게도 남의 돈을 빌려 장사 밑천으로 삼았다. 그는 투자를 잘못하여 모두 잃고 말았다. 돈을 빌려준 이가 그를 고발하면서 그는 상당히 오래 감옥에 갇혀 있었다. [브뤼기에르 주교가 전한 그의 용맹한 면모를 직접 들어보자.]

"그 지역 제후가 그의 남다른 능력과 충실함을 알아보고 자신의 종으로 삼았고, 그를 일꾼들의 대표로 세웠습니다. 어느 날 그 제후는 우상들을 섬기는 낡은 사원을 다시 짓겠다는 생각에 사로잡혔습니다. 그러자 이 용감한 신앙 증거자는 제후에게 자신은 천주교인이라며, 그렇기 때문에 그러한 건물을 짓는 일을 할 수 없다고 고백했습니다. 제후는 그에게 사흘 동안 혹독한 매질을 가했습니다. 그런데 그러한 형벌을 받으면서도 그 교우는 천주교인임을 거듭 밝히며 하느님의 법으로 금지된 일을 하느니 차라리 죽음을 택하겠다고 항변했습니다. 그러자 제후는 물론이고 특히 제후의 아내가 그의 항구함에 깊이 감화되어 그를 풀어 주도록 했습니다. 저는 그가 풀려나고 두 달이 훨씬 지난 뒤에 그를 만났는데, 고문의 상처가 완전히 낫지 않은 상태였습니다."

한편, [브뤼기에르 주교가 보기에] 중국인들은 무기력하고 소심하며 겁이 많은 민족이었다. 브뤼기에르 주교는 이를 보여 주고자 한 가지 사실을 예로 들었다. 말라카 제도가 영국령에 속하자 페낭에 살던 중국인들은 이를 끔찍한 위험의 징후로 받아들였다. 그들은 말라카 제도를 다스리는 케다의 임금과 영국 대사 사이에 체결된 조약의 여파로 케다-시암의 국왕이 떠날 수밖에 없다는 소문을 퍼뜨렸다. 설상가상으로 페낭에 사는 많은 말레이인들이 그리스도인들의 목을 베고 그들이 사는 지역에 불을 지를 거라는 소문이 돌았다. 케다 임금은 그의 아내들과 함께 단도를 몸에 지니고 죽을 때까지 저항하겠다고 선언했다. 그러면서도 자신에게 폭력을 휘두르지 않는다면, 영토를 버리고 떠나겠다고 약속했다.

브뤼기에르 주교는 편지를 이렇게 끝맺었다.

"그러자 우리의 겁 많은 신자들은 두려움을 조금 덜었습니다. 그들을 좀 더 용감하게 만들기 위해서라도 이곳에 천주교가 필요합니다. 중국에서 수많은 신앙 증거자들이 용감하게 항구함을 보여 준 것처럼 말입니다."

인근 교우촌 사목 방문

브뤼기에르 주교는 페낭에서 매우 적극적인 사목 활동을 펼치면서도 인근 교우촌들을 소홀히 하지 않았다. 그곳에 적합한 성당을 세우고 사제들을 파견하며 여의치 않을 경우 회장들을 두는 것이 중요했다.

브뤼기에르 주교는 수마트라섬의 서쪽에 자리한 풀로티쿠Poulo-Tikoux에 관심을 두었다. 그곳 신자들은 성당을 짓기 위하여 수백의 은화를 모았으나 이 계획은 토지 소유와 관련된 소송 때문에 지연되고 있었다. 부토카반느Bouto-Kabanes섬에는 중국인 예비 신자들이 100명 가까이 살고 있었다. 시암의 주교는 그곳에 부쇼 신부를 파견했다. 그곳에 사는 또 다른 가난한 교우들이 합세하리라는 희망을 품고 부쇼 신부는 그곳에 가서 성당을 세울 것이다.

바르브 신부는 미얀마의 남부에 있는 모울메인으로 파견되었다. 시암의 주교는 그에게 비신자들 사이에서 신앙의 빛을 비추어 여러 섬으로 사목 방문을 확대하라는 지시를 내리며, 페낭 신학교 출신의 현지인 사제가 교우촌들을 맡아 사목 활동을 하는 메르귀Mergui 제도와 피냐Pigna섬을 본보기로 들었다. 그리하여 바르브 신부는 미얀마의 중심지까지 들어가야 했는데, 그곳에는 시암 서쪽에 위치한 잉와Ava와 타보이Tavaï 독립 왕국이 있었다.

브뤼기에르 주교는 매우 중요한 섬인 싱가포르와 (수마트라의 섬들 가운데 하나인) 파당, 그리고 니아스섬에도 선교사들을 보냈다.[16]

또한 그는 케다와 리고르도 잊지 않았다. 페낭과 방콕 사이에 위치한 이 작은 왕국들은 그가 이미 둘러본 적이 있었고, 기대할 만한 희망을 갖게 했다. 또 그는 또 다른 서너 곳이 희망적이라며 이렇게 말했다. "이곳들도 시간이 지나면 귀중한 씨앗들이 되어 열매를 맺을 수 있을 것입니다."

4년간의 노고를 다한 뒤 브뤼기에르 주교는 그의 방대한 선교지에서 희망적인 미래를 내다봤다. 하지만 그가 밭을 일구고 가꾼 땅에서 풍요로운 수확을 거두는 일은 그 자신이 아니라 다른 복음의 일꾼들에게 예비되어 있었다. 하느님의 섭리는 이제 그를 다른 [선교] 무대로 부르고 계셨다. 그의 간절한 바람을 채워 주시려고 그를 시암에서 멀리 떠나오게 하셨다는 말이 사실이었다.

“새해가 시작되었으나
호의적인 징후는 보이지 않았다.
여느 해들과 비교해
더 좋을 거라는 예감이 들지 않았다.
하지만 성공을 확신하듯이
나는 내 일에 전념했다.”

Barthélemy
Bruguière

조선을 향한 여정 – 브뤼기에르 주교의 중국 여정

조선 대목구장으로 임명되다

마닐라 체류

마카오를 지나 복안으로

강서에서

강남에서

절강에서 강소로

산동 지방

산서에서

조선 대목구장으로 임명되다

 1832년 7월 25일 페낭에 있던 브뤼기에르 주교는 "교황이 그를 조선 대목구장으로 임명했다는 것"을 알았다. 이 소식을 듣고 그는 얼마나 기뻐했을까! 어릴 때부터 품어 온 꿈이 마침내 이루어지려 하고 있었다. "그때부터 그는 출발이 앞당겨지기만을 고대했다."

 그러나 그 머나먼 선교지를 향해 가는 데 어려움이 얼마나 많이 있겠는가. 싱가포르에서 포교성성의 총대표부가 있는 마카오로 갈 때부터 이미 그에게는 "1,120프랑이 필요했고 그것도 선불로 지급해야" 했다. 그런데 도대체 그 엄청난 금전을 어디에서 구한다는 말인가? 브뤼기에르 주교의 수중에는 돈이 단 한 푼도 없었고, 또 그에게는 돈을 빌려줄 사람도 없었다.

그러나 그가 알게 된 한 영국인 선장이 100피아스터에 배를 탈 수 있게 해 주었고, [시암] 선교지의 사제 가운데 한 사람[클레망소 신부]이 약정된 금액을 먼저 내주었다. 이렇게 하여 브뤼기에르 주교는 마카오로 바로 가는 배가 아니라 필리핀 제도의 수도 마닐라로 가는 배에 올랐다. 그는 필리핀에서 집안 대대로 그리스도교를 믿어 온 신자들을 만났고, 특히 성인과 같은 대주교[17]를 만났다. 이 대주교는 프랑스 선교사들을 극진히 환대하는 사람이었고, 브뤼기에르 주교가 여행을 계속할 수 있도록 도와주었다.

브뤼기에르 주교의 여정은 「여행 이야기」라는 기사로 『전교회 연보』에 연재되었다. 그는 통신원으로서 자신의 여행 소식을 매우 풍부한 이야기와 함께 전했다.

"여정 내내 저는 머리부터 발끝까지 검사를 받습니다. 사람들은 제가 너무 단출하게 차려입었다고 여깁니다."

사실 그는 시암에 있을 때보다 훨씬 옷을 잘 차려입고 있었다.

"사람들은 제게 몇 가지 질문을 하는데, 대체로 이러합니다. '수도자이신가요?' '아니오, 교구 사제입니다.' '어디로 가시는 길입니까?' '선교지로 가는 중입니다.' '당신 나라의 정부가 [지원금으로] 얼마나 주었습니까?' '전혀 없었습니다.' '그러면 빌린 돈은요?' '전혀요. 신심 깊고 자애로운 동포들이 자발적으로 낸 성금을 받았을 뿐입니다.' '마닐라에는 뭘 하러 왔습니까?' '아무것도요. 곧바로 마카오로 가는 것이 저의 계획입니다.' '그러면 싱가포르에서 바로 가셨다면 훨씬 간단했을 텐데요?' '그랬겠죠. 하지만 제겐 그렇게 가로질러 갈 뱃삯이 없었답니다. 마카오까지 갈 수 있도록 마닐라에서 돈을 빌려줄 후한 스페인 사람들을 만나길 희망합니다.'

실제로 저의 그러한 기대가 잘못된 것이 아님을 알게 되었습니다. 하지만 확실한 자금도 없이 그렇게 먼 여정을 나서는 사제를 보면서 사람들은 놀라워했습니다."

브뤼기에르 주교에겐 동행할 선교사도 없었다. 시암 선교지의 동료들 가운데 하나인 샤스탕 신부[18]가 그를 따라가고자 했으나, 브뤼기에르 주교는 조선에 들어가서 사정이 좋아지면 부르겠다는 약속만 할 수 있었다. 당분간 그의 동행인은 페낭 신학교 중국인 신학생이던 청년 한 명뿐이었다. 그는 매우 약골이었지만 브뤼기에르 주교에게 엄청난 도움을 주었으며, 그의 동포들[중국인들]에게 찾아보기 힘든 활력과 용기를 지닌 사람이었다.

이 불굴의 청년 요셉[19]은 브뤼기에르 주교와 동행하기를 간절히 원했다. 브뤼기에르 주교는 그러한 태도에 놀라워하며 그에게 물었다.

"내가 어디에 가는지 알고 있는가?" "네, 알고 있습니다." "나는 자네가 당연히 모른다고 말할 줄 알았네. 중국으로 가는 것이 전혀 아니니까. 더 멀리 있고 훨씬 더 위험한 고장으로 나는 파견되었다네. 자네가 고집스럽게 나를 따라온다 해도 얼마 못 가 죽을 수도 있다네. 그러니 잘 생각해 보게." "저는 다 들어 알고 있습니다. 주교님께서는 조선으로 가십니다. 저는 하느님의 은총에 힘입어 이 사명으로 겪게 될 위험에 기꺼이 맞설 각오가 되어 있습니다. 어쨌거나 하느님을 위해 목숨을 바치는 것은 두려워하기보다는 오히려 간절히 바라야 할 숙명입니다."

마닐라 체류

브뤼기에르 주교는 마닐라에서 십여 일을 보냈다. 마닐라의 대주교는 그를 환대해 주었고 자신의 주교관에 머물게 하며 경이롭고 부요한 그의 성당들을 둘러보게 했다. 마닐라 성당의 제단은 온통 귀금속으로 장식되어 있었는데, 중앙 제대, 벽기둥, 성상, 등잔, 큰 촛대, 심지어 사제석까지 은으로 만들어져 있었다. 그곳 주민들도 천주교에 대단한 관심을 갖고 있었다. 수도 공동체, 특히 유럽에서 온 네 개 수도회의 수도자들은 열정적이고 깊은 감화를 주었다.

작별할 때 [세기] 대주교는 브뤼기에르 주교에게 이렇게 말했다. "주교님의 계획은 성공하지 못할 것입니다." 물론 이 말은 그를 실망시키고자 한 말이 아니었다. 브뤼기에르 주교는 이렇게 판단했다. "그때는 그분이 예언자라고 생각하지 않았습니다. 희망 없이도 희망해야 한다고 늘 생각해 왔기 때문입니다."

그리고 바로 이곳 마닐라에서 브뤼기에르 주교는 시암 대목구에서 조선 대목구로 자리를 옮기라는 내용이 담긴 칙서들을 전해 받았다. 그는 이렇게 썼다. "그 칙서들은 하늘에서 뚝 떨어진 것 같았습니다. 누가 보낸 것인지, 또 누가 가져온 건지 저는 도무지 알지 못했으니 말입니다."

[조선으로 가게 된] 이 기쁨에 더하여 그는 전교회에서 보낸 후원금 5,600프랑을 받는 기쁨을 맛보았다.

"세상의 끝으로 온 가난한 선교사"가 마침내 중국으로 들어가게 된 것이다. 이 점에서 그는 중국 본토로 들어가지 못했던 프란치스코 하비에르 성인보다 더욱 복되었다.

브뤼기에르 주교는 가톨릭 선교사들에게 여전히 문을 열어 주지 않는, 설령 들어가게 되더라도 죽음을 맞을지도 모르는 그 나라로 들어갔다. 그리고 대단히 위험한 가운데 극심한 결핍을 겪으면서 그가 감행했던 끝없고도 고통스러운 여행 이야기를 우리에게 남겼다.

무엇보다 그에게 가장 힘들었던 것은 동료들로부터 심적 위로를 전혀 받지 못하고, 특히 미사성제가 주는 영적 힘을 받지 못한다는 것이었다!

이 [선교] 여행은 참으로 기나긴 순교였고, 이에 비하면 박해자들의 칼날은 그에게 바람직한 은혜로 여겨졌다.

우리는 중국 대륙을 가로질러 수천 킬로미터에 달하는 우리 영웅의 여정을 함께 따라가 보고자 한다. 당시 이 '천자天子의 나라'는 그리스도인들에게, 특히 선교사들에게 지옥과 다름없는 곳이었다.

마카오를 지나 복안으로

마카오에서 브뤼기에르 주교는 복안(福安, Fougan)[20]으로 가는 배를 타야 했다. 그곳에서 복건Fokien 주교[21]가 그를 기다리고 있었다. 브뤼기에르 주교는 [그의 여행기에] 이렇게 썼다.

"[배를 함께 타는] 우리 선교사 6명 가운데 프랑스인은 2명이다. 바이외Bayeux 출신의 모방 신부[22](이 사제는 장차 조선을 택하여 브뤼기에르 주교와 함께하기로 결심하였고, 조선에서 순교의 기쁨을 누리게 된다. 그는 [1925년] 복자품에 올랐다.)는 사천으로 파견되었고, 카오르Cahors 출신의 라리브Laribe 신부는 라자로회 회원으로 강서Kiang-Si [대목구]로 파견되었다. 포르투갈인 라자로회 선교사 2명, 이탈리아인 프란치스코회 선교사 1명, 그리고 자신이 어디로 가는지도 모르는 나. 이렇게 6명이다. 내가 이렇게 표현하는 것은 내 자신의 일임에도 앞날을 전혀 확신할 수 없기 때문이다."

복건행 배를 타기 위해 그들은 "허술한 거룻배"를 타야 했다. 그 배를 타고 "이틀 동안 이쪽저쪽 해안을 탐험하고 눈여겨보면서 우리를 태울 대단한 위험을 감수할" 복건행 배로 갈아 타야 했다. 몇몇 선원들은 이때를 이용하여 그들의 물건을 훔쳤다.

마침내 그들은 "너무도 불편한" 범선을 만났는데, 이 배의 선장은 너무 무능하여 800킬로미터도 채 안 되는 여정이 한 달이 아니라 두 달 반이 걸렸다.

배 안에는 한 달치의 양식만을 비축해 두었고, 여기에 도둑질이 더해져 선교사들은 매우 혹독한 단식을 해야 했다. 그들 가운데 한 사람은 매우 허약해져 배에서 내릴 때 제대로 걸을 수조차 없을 정도였으니, 걸으면서 서너 번 쓰러졌고, 말을 할 수도 숨을 쉴 수도 없었다.

브뤼기에르 주교와 선교사 일행은 성탄 성야를 배에서 맞았다. 선장은 브뤼기에르 주교에게 [선원들을 위해] 미사를 거행해 달라고 부탁했다. 물론 그는 동료 신부들과 함께 수락했다. 하지만 만일의 경우를 대비하여 만반의 준비를 했음에도 돌발 상황으로 "경미한 사건"이 일어났고, 이 일로 "선상에서 미사를 드리고자 했던 브뤼기에르 주교의 바람은 영원히 꺾이고" 말았다.

같은 날 [지역] 관리가 배들을 방문했다. 그는 이웃한 정크선[중국배]에서 아편 두 상자를 압수했고, 선교사들이 탄 배는 무사했다.
"선하신 하느님께서 이 절박한 위험에서 우리를 지켜 주셨다. 그들이 우리 배에 올랐다면 아편이 아닌 다른 것을 찾아냈을 것이다." 과연 그랬다. 가엾은 선교사들의 소지품은 잔인한 처벌을 가져왔을지도 모른다. 하지만 이 위기에서 벗어난 뒤 우리의 여행자들은 또 다른 위기를 겪었다. 그것은 해적의 공격이었다. 중국 연안 바다에는 해적들이 기승을 부리고 있었는데, 1년 중 이 시기에 특히 심했다. 해적의 수는 300명이 넘었고, 배에서 무기 소지는 법으로 금지되어 있었지만 무장을 하고 있었다.

다행히 선교사들이 탄 배를 다른 배들이 뒤따라왔고, 해적들은 세 차례나 공격을 시도했지만 선뜻 배 위에 오를 생각을 하지 않고 물러갔다. 해적의 공격이 우리 여행자들에게는 훨씬 더 위험한 것이었다. "음력 12월에 [중국] 관리들은 이러한 폭력 행위[해적질]를 눈감아 주었는데, 이는 두려움과 나약함 때문이기도 하고, 이

시기에 도둑들을 붙잡는 것을 금하는 일종의 미신 때문이기도 했다."

[배 위에서 선교사들이] 조심해야 하는 이들이 또 있었다. 한 부류는 군인들이었는데, 이들은 밀수를 막는다는 구실로 배에 오를 권한이 있었기에 선교사들을 찾아낼 수 있었다. 또 다른 부류는 외교인 선원들로, 이들이 그들을 알아보고 고발할 수 있었다. 선교사들에게 이것은 곧 감옥과 죽음이었다.

그리하여 우리 선교사들은 배 밑에 마련된 매우 좁은 칸에 은신해 있을 수밖에 없었다. 이 공간은 높이도 매우 낮아서, 탁자 겸 의자로, 또 침대로 쓰이는 판자 위에 눕거나 무릎을 꿇거나 양반다리를 하고 있어야 했다. 또한 이 비좁은 방에선 환기가 불가능했다. 창문으로 삼을 만한 구멍이 있긴 했지만, 이는 출입문 구실을 하는 것으로, 낮에 잠시 햇볕이 들긴 했지만 외교인들에게 들킬 위험 때문에 반쯤도 열어 두지 못했다.

밤에 드물게 반 시간 정도 밖으로 나갈 수 있긴 했지만, 들킬까 봐 말을 하지 않았다.

이렇게 우리 선교사들은 수색 대상인 금지된 밀수품처럼 배에 실렸다. 선교사들을 배에 태워 준 선장은 가톨릭 사제들을 적대시하는 외교인 선원들을 늘 경계해야 했다. 이렇게 선교사들은 더럽고 공기가 탁한 배 밑에 갇힌 채로 온갖 결핍과 고통과 불안 속에서, 온갖 어리석은 일과 불손함과 미신, 심신의 빈곤으로 그들을 괴롭히는 능력만을 지닌 동승자들과 함께 지내야 했다. 이렇게 수십 일, 그리고 수개월 동안 바다를 건너며 우리 선교사들이 인내로 감내해야 했을 시련들이 어떠했을지 참으로 짐작하기 힘들다!

1833년 3월 1일 브뤼기에르 주교와 동료 신부들은 드디어 배 밑 감옥에서 풀려나 복건 대목구장의 주교관이 있는 복안(푸간)에 도착했다. 서둘러 브뤼기에르 주교를 맞이한 복건 주교는, 한 달 반 동안 자신의 곁에 머물게 하며 "그에게 필요한 모든 것을 후하게 대 주고, 그가 안전하게 여행을 계속할 수 있는 방편을 마련해 주고자" 세심하게 신경 써 주었다.

선하신 하느님께서는 브뤼기에르 주교에게 복안에서 머무는 동안 몇 가지 감미로운 위안을 주셨다. 그는 그곳 교우들에게 견진성사를 주고 그 지역 신학생들에게 두 차례 성품을 주는 기쁨을 누렸다. 자신들의 신앙에 매우 충실하고, 그들의 목자인 스페인 도미니코회 선교사들에게 헌신적인 복건 지역의 천주교인 수는 5만 명에 달했다.

그리고 바로 이 복안에서 브뤼기에르 주교는 훨씬 더 큰 기쁨을 맛보았다. 바로 모방 신부가 진지한 숙고 끝에 사천 선교지를 포기하고 조선으로 동행하기로 결정했다고 알려 온 것이었다. 두 사람은 곧바로 사천 주교[23]에게 편지를 써서 이러한 [선교지] 변경에 동의해 줄 것을 요청했고, 사천 주교는 지극히 너그럽게 동의하며 이렇게 전했다.

"조선이 우리보다 더 선교사들을 필요로 하지요. … 우리는 모방 신부가 주교님을 따르는 것에 마음 아파하지 않습니다."

브뤼기에르 주교는 그의 동행인 요셉을 북경으로 보냈다. 요셉은 중국인이었기에 중국 내륙을 쉽게 여행할 수 있었다. 그는 여러 통의 편지를 들고 갔다. 한 통은 남경 주교에게 보내는 편지로, 브뤼기에르 주교의 [북경] 통과 문제를 협의하기 위해서였다.

또 다른 편지 한 통은 여 파치피코 신부[24]에게 보내는 편지였다. 파치피코 신부는 조선에 앞서 들어가서 더 나은 여건이 되었을 때 주교를 맞이하기로 되어 있었다. 세 번째 편지는 조선 연행 사절단에 포함된 조선인 교우들에게 보내는 편지였다. 조선 연행 사절단은 해마다 그 무렵 중국 황제에게 조선 임금의 정중한 인사와 선물을 전하고자 [북경에] 오곤 하였는데, 그들 가운데 교우 몇 사람이 있었다.

조선의 신자들에게 브뤼기에르 주교는 이렇게 썼다.

"하늘이 여러분의 기도를 들어주시어 선교사들과 주교 한 사람을 여러분에게 보내 주실 겁니다. 이러한 은혜를 여러분을 위해 얻어 낸 이가 바로 저입니다. 저는 여러분 가운데 살고 죽고자 곧 출발합니다.
여러분의 왕국에 유럽인이 들어가면서 생길지 모르는 어려움을 두고 두려워하지 마십시오. 이 일은 하느님께 맡기고, 그분의 천사들과 성인들에게 기도하십시오. 특히 천주의 어머니의 강력한 보호 아래 있도록 하십시오. 당신의 일을 시작하신 주님께서 기쁘게 그 일을 끝맺으실 것입니다."

그런데 브뤼기에르 주교는 몇 가지 걸림돌을 염려했다. 그중 하나가 조선인들의 소심함이었다. 조선의 신자들은 선교사를, 특히나 이방인 선교사를 그들의 땅에 데려왔을 때 행여 잔인한 박해를 초래하지는 않을까 두려워했다.

브뤼기에르 주교가 우려할 만한 것은 또 있었다. 이미 조선에 중국인 사제 파치피코 신부가 가 있었기에 이에 만족한 조선 신자들이 선뜻 유럽인 주교를 받아들일 마음의 준비가 되어 있지 않았던 것이다.

브뤼기에르 주교는 복안에서 남경으로 향했다. 배에 오르자 안개가 자욱하여 한 치 앞도 제대로 보이지 않았고, 이 때문에 외따로 떨어지거나 길을 잃지 않기 위해 대나무 막대를 이용하여 다른 배들과 함께 나란히 줄을 지어 항해해야 했다.

브뤼기에르 주교는 자신을 따르기로 한 모방 신부를 복건에 남겨 두었다. 이렇게 거리를 둔 이유는 유럽인 여러 명이 강남 지방에 갑자기 도착했을 때 유혈 박해를 초래하지 않을까 하는 걱정에서였다. 상당히 오랫동안 단 한 명의 유럽인도 강남 지방에 들어간 적이 없었다.

한편, 브뤼기에르 주교는 그 자신과 동행인들, 그리고 길 안내인들의 여행 경비로 겨우 은화 260프랑만을 소지하고 있었는데, 그곳에서 중국 화폐 말고 다른 화폐는 통용되지 않았다. 그리하여 그 돈을 마카오에서 환전하고자 연락원에게 맡겼는데, 돈도 연락원도 두 번 다시 보지 못했다.

강서에서

브뤼기에르 주교는 남경으로 이어진 황제 대운하[25]를 타고자 강남의 도시, 강녕부Chang-nan-fou[26]에 도착했다. 브뤼기에르 주교는 이렇게 썼다.

"이 도시에선 [신분이] 발각되어 붙잡힐 위험이 대단히 컸다." 특히 브뤼기에르 주교처럼 "파란 눈, 큰 코, 금발, 계란형 얼굴, 짙게 그을린 피부는 중국에서 의심을 불러일으키기" 때문이었다. 또한 "둥근 머리에 밋밋한 얼굴, 짙지 않고 두드러지지 않은 눈썹, 작고 가는 검은 눈을 가진 선교사가 있다면, 그는 분명 안전하게 아무 걱정 없이 여행할 수 있을 것이다. 게다가 표준 중국 말을 어느 정도 구사할 줄 안다면 말이다."라고도 적었다.

하지만 그의 외모는 여느 유럽인보다 더욱 두드러져 이목을 끌 만했다. 그의 낯선 외양과 부자연스러운 침묵, 그리고 늘 얼굴을 감춘 모습은 오히려 더 의심을 불러일으켰다. 게다가 이목을 끌지 않으려고 그는 검은 천으로 된 띠를 눈 주변에 둘러 눈썹과 코도 가리고자 했다. 보통 이러한 검은 띠는 여행자들이 눈에 먼지가 들어가지 않도록 눈을 보호하기 위해 사용하는 것이었다.

그의 복장은 축일을 맞으면서 겪은 다음의 이야기에서도 알 수 있듯이 결코 고급스럽지 못했다.

언젠가 새벽 5시경 경당이 있는 한 농장에 브뤼기에르 주교가 도착했을 때, 그곳 교우들은 주교에게 미사를 집전해 달라고 청했다. 그날은 주님 승천 대축일 전날이었다. 브뤼기에르 주교는 그들의 신심 깊은 바람을 기꺼이 받아들였다. 그는 이렇게 썼다.

"중국인 회장은 나의 옷차림이 남루하다고 여겼다. 시암에서보다 훨씬 잘 입고 있었는데도 말이다. 그는 이렇게 말했다. '주교님, 그러한 옷차림으로 미사를 집전하실 수 없습니다. 교우들이 보면 수군댈 것이 분명합니다.' '어쩌지요? 나는 여벌의 옷이 없습니다.' '사 입으셔야 합니다.' '돈이 없습니다.' '빌려드리겠습니다.' '하지만 내가 언제 갚을 수 있겠습니까?' '나중에요.' '다시 만날 수 없을 것 같은데요. 수중에 돈이 조금 있습니다만, 옷을 못 입는 편이 굶어 죽는 것보단 낫습니다.'"

그러자 회장은 그의 예복을 브뤼기에르 주교에게 빌려주었다. 브뤼기에르 주교는 '창 미사'를 바쳤다. 미사를 드리는 동안 미사 집전자[주교 자신]와 복사들, 시간경에 참석한 모든 남자 교우들은 내내, 심지어 성체 거행 때에도 얼굴을 가리고 있었다. 반면에 여자 교우들은 바오로 성인의 규정과는 정반대로 머리를 드러내 놓고 있었는데, 이러한 모습을 보면서도 그는 별로 마음이 상하지 않았다.

남경에서 남경 교구 총대리 카스트로Castro 신부가 교구장 주교[27]를 대신하여 브뤼기에르 주교를 맞았다. 남경 주교는 이동을 허락하지 않는 중국 황제에 의해 북경에 억류되어 있었다. 브뤼기에르 주교는 남경에 두 달가량 머물렀는데, 주로 작은 마을에 사는 교우들 집에서 은신해 지냈다.

그러는 동안 브뤼기에르 주교가 북경 주교를 만나도록 북경으로 파견했던 왕 요셉이 돌아왔다. 브뤼기에르는 조선 교우들의 책임을 맡고 있는 북경 주교에게 왕 요셉을 보내 그의 관할 선교지에 브뤼기에르 주교가 들어가는 문제를 상의하고자 했다. 요셉은 심지어 달단Tartarie과 조선 국경까지 가서 입국로를 탐색하고, 파치피코 신부를 동행하며, 교우촌에 브뤼기에르 주교의 은신처가 될 만한 곳을 알아보고 돌아왔다. 하지만 북경에서는 조선 연행 사절단 가운데 조선인 교우를 단 한 명도 만나지 못했다. 그해 연행 사절단에 속해 북경에 온 조선 교우가 없었던 것이다.

브뤼기에르 주교는 남경에서 달단, 곧 지금의 몽골로 가는 여정을 준비했다. 그의 동행자는 충실한 요셉과, 마흔 살가량으로 라틴어를 할 줄 아는 요한, 그리고 으뜸 길잡이인 바오로라는 이름의 노인이었다. 하지만 그에겐 여행 자금이 부족했다. 그가 지닌 얼마 안 되는 돈은 앞으로 지나가야 할 지방들에서는 통용되지 않았다. 그리하여 그 돈으로 중국인 상인에게 은괴를 사서 사용했다.

강남에서

그의 어려움과 시련이 다시 시작되었다. 이번에는 한층 심해졌다. 브뤼기에르 주교의 이야기를 따라가 보자.

"떠날 때가 되자, 우리는 육로로 달단에 갈 수 있을지 논의했다. 나는 뱃길로 여행하기를 간절히 바랐지만, 한 중국인 사제는 내가 타야 할 배의 선장과 선원들은 결코 믿을 수 없다고 말했다. 요셉은 한술 더 떠 이렇게 말했다. '그러면 우리는 익사하게 될 겁니다. 주교님이 익사한다면 조선은 끝장입니다.'

1833년 7월 20일 우리는 걸어가기로 하고 길을 나섰다. 때는 바야흐로 극심한 더위가 시작된 시기였다. 7월과 8월 강남 지방의 더위는 견디기 매우 힘들다. 이 계절에 이동하는 사람들은 오직 가난한 이들뿐이다. 이따금 질식할 만큼 숨이 차오르고, 열대 지방보다 더 덥지 않나 싶을 정도의 기온이 계속된다. 해가 들지 않는 방 안에서도 나무 탁자와 의자들은 화롯가에 있는 것처럼 뜨겁다. … 이 정도로 더운 날에는 자정을 넘긴 시간에도 한낮 그늘 밑에 있는 것처럼 무덥다. 새벽 두세 시가 되어서야 겨우 제대로 숨을 쉴 수 있다.

교우들은 나의 건강을 우려하여 그처럼 혹서의 날씨에 길을 나서는 것을 말리고자 했다. 하지만 나는 그들의 바람대로 할 수 없었다. 더 지체하다간 으뜸 길잡이가 없는 상태로 길을 가야 할지도 몰랐다. 요셉은 교우들의 만류를 그의 방식대로 말하며 이렇게 거절했다. '적도의 태양 아래 여러 해를 보냈고, 순교할 것을 각오한 만큼 중국의 더위도 물리칠 수 있습니다.'

하지만 세 길잡이는 상상할 수 없을 만큼 소심하고 무능했다. 그들의 안내를 받는 여정 내내 나는 참으로 고통스러웠다.

나는 길을 가는 동안 피로와 궁핍으로 죽을 수도 있겠다는 생각이 여러 차례 들었으나 선하신 하느님께서는 이를 허락하지 않으셨다.

[1833년 7월] 31일, 나의 으뜸 길잡이 바오로가 자기는 그만 돌아가고자 한다고 말했다. 우리가 탄 배가 때때로 작은 운하들을 타고 지날 때가 있었는데, 그때마다 내가 너무 자주 뱃마루에 오른

다고 지적했다. 그는 이렇게 말했다. '이웃 배에 탄 사람들과 지나는 사람들이 주교님 얼굴을 볼 수 있고, 유럽인임을 알아볼 수 있습니다. 그렇게 된다면 우리에게 안 좋은 일이 생길 수 있습니다. 남의 부주의로 닥칠 것이 불 보듯 뻔한 위험을 나는 겪고 싶지 않습니다.' 요셉은 그에게 내가 앞으로는 더욱 조심할 것이라고 약속했고 바오로 노인은 남았다.

그런데 과연 돈도 없이 장거리 여행을 어떻게 계속할 수 있단 말인가? 요셉은 우리가 걸인 행색을 하고 걸어서 가야 한다고 생각했다.

내가 나서서 말했다. '나는 그 계획에 반대하네. 이렇게 더운 날 걸어서 500리외[2,000킬로미터]를 가는 건 나로선 불가능하네. 더구나 우리 계획에 따르면 하루에 10-12리외[40-48킬로미터]를 가야 하는 상황이지 않은가.'

요한은 자신은 머리가 어지럽고 뇌출혈의 위험까지 있으니 탈 것이 필요하다고 말했다.

바오로는 으뜸 길잡이로서 이 여행단을 꾸리는 역할을 맡았다. 나는 중국식으로 먹고, 마시고, 기침하고, 코를 풀고, 걷고, 앉는 법을 배웠다. 중국인들은 우리 유럽인들과는 다르게 하기 때문이다.

곧이어 바오로가 이륜 수레를 가져왔다. 하나는 우리 짐들을 싣기 위한 것이고, 다른 하나는 사람 한두 명을 태우기 위한 거였다. 나는 길잡이 한 사람과 함께 나의 수레에 올랐고, 다른 두 명의 길잡이는 나귀 두 마리를 나눠 타고 시종 역할을 했다.

그들은 줄곧 뭇사람들이 나를 알아볼까 걱정하여 가난한 중국인처럼 내게 옷을 입혔다. 바지 한 벌과 더러운 웃옷 한 벌, 그리고 넓은 챙이 달린 낡은 밀짚모자 하나를 준 것이다. 또 큰 검은 띠로 내 눈을 가리도록 했는데, 마치 가면을 쓴 사람처럼 보였다. 이 괴이한 행색은 호기심 많은 이들의 눈길을 피하기는커녕 오히려 더 끌었으니, 아이들은 물론이고 어른들도 내게 다가와 고개를 숙이고 이 이상한 행색을 물끄러미 쳐다보곤 했다!

이렇게 딱한 행색으로 우리는 여행을 시작했다. 그런데 이렇게라도 여행을 지속할 수 있었다면 다행이었을 것이다. 하지만 이 세상의 행복은 너무도 짧으니, 이러한 행군은 이내 포기해야 했다. 폭우와 안 좋은 도로 사정, 걸을 때마다 빠지는 진흙 구덩이 탓에 가마에서 내려 걸을 수밖에 없었다. 가마를 타고 가는 대신 이제는 가마를 끌고 가야 하는 형편이 되었다. 사실 우리는 나귀를 빌려 타고 갈 수 있었지만 우리 길잡이는 경비를 지독히 아끼고자 나귀를 빌리려고 하지 않았다. 피로에 기진맥진한 상태가 되어서야 나귀들을 빌리고자 알아보았으나 찾기도 힘들었다. 나는 비용이 얼마가 되든 탈것을 구해 달라고 요청했다. 그리하여 나귀를 빌려 탈 수 있었는데 겨우 반나절뿐이었고, 이마저도 처음이자 마지막이었다.

나는 내 의견을 피력했는데, 안타깝게도 잘못 받아들여져 사람들은 더욱 호되게 내 말문을 틀어막았다. 누군가 내가 한 말은 이 여행단을 꾸린 단장을 모욕하는 말이라고 지적하며, 모든 것을 예견하고 지혜롭게 조율하는 이는 오직 단 한 사람, 그뿐이라고 말했다. 시의적절하지 못한 나의 지적이 그의 마음을 상하게 하여 가던 길을 되돌리게 만들 수도 있었다.

따라서 나 또한 다른 사람들처럼 걸어서 가야 했다. 중국인들이 신는 신발과 양말 모양을 한 장화를 신고 걸으니 얼마 못 가 발에 상처가 났다. 결국 나는 이 특이한 신발을 벗고 맨발로 걸었다. 이러한 나의 모습에 나의 중국인 길잡이들은 보기 힘들어하며, 모두가 '보기 좋지 않습니다.'라고 말했다. 아닌 게 아니라 신발을 신지 않고 걸어가는 중국인을 만나기는 드물었다. 걸인은 먹을 것이 없어 굶어 죽을 수는 있어도 신발이 없어 죽지는 않는다. 바오로 노인은 그의 신발에 대단한 애착을 가지고 있어서 강을 건널

때에도 신은 채로 건넜다.

나는 남경을 출발할 때에도 열병에서 완전히 나은 것이 아니어서 걷기 시작한 첫날부터 계속 안 좋은 상태였다. 피로와 뜨거운 날씨, 양식과 식수의 부족, 감당해야 했던 온갖 종류의 난감한 일들로 내 속은 몹시 고통스러웠고, 이질로 보이는 온갖 증상들이 나타났다. 이렇게 허약한 상태에서 열병이 나니 그때마다 눕거나 앉아 있을 수밖에 없었다. 내게는 휴식이 필요했지만 쉴 상황이 아니었다. 여관에 머무는 것 자체가 위험하다고들 했고, 의사를 데려오는 것은 더한 위험에 노출되는 것이라고 했다. 교우들이라도 만나 그들 집에 가 쉬었다면 나았겠지만, 아무도 그들이 어디에 있는지 알지 못했고, 외교인들에게 수소문하는 것은 대단히 경솔한 일이라는 것이었다. 모두 맞는 말이었다.

결국 더욱 서둘러 직예Tchély[28]로 가는 길밖에 다른 방도가 없었다. 나머지는 섭리하시는 하느님의 손길에 내맡길 뿐이었다.

몸에 좋은 음식이 풍족하게 있다면 기운을 차릴 수도 있으련만 우리에게는 수증기로 찐 반죽[만두]이 전부였다. 이따금 빵 만드는 이가 향이 지독한 파같이 생긴 이파리를 넣어 작은 빵을 만들어 주었는데, 나로서는 도저히 먹을 수 없었다. 나의 일행은 그와 정반대로 그 빵을 매우 좋아했다. 이따금 반죽을 작은 조각으로 잘라 끓는 물에 띄운 사발을 주기도 했는데, 맛을 돋우고자 여기에 한 줌의 마늘과 후추, 생호박 등을 넣었다. 게다가 이미 이상한 맛에 산패된 기름으로 맛을 더했는데, 이를 먹고 나면 하루 정도 목이 칼칼했다. 나는 배가 고파서 먹고는 싶었지만 죽과 비슷한 이 음식에 결코 익숙해지지 못했다. 서너 술 뜨면 더 먹으려 해도 도저히 삼킬 수가 없었다. 마늘과 데친 나물들은 뱃속에 들어가 불을 질렀고 타는 듯한 목마름은 결코 가시지 않았다. 그래서 결국 나는 식사를 포기해야 했다. 그 작은 빵을 계속 먹기는 하였으나 혹시라도 파 같은 것을 넣지는 않았는지 조심히 살폈다. 낱개에 반 푼 정도 하는 참외와 같은 과일들을 먹었다면 좀 나았겠지만, 행여 배탈이라도 날까 봐 먹지도 못했다.

저녁 나절은 식사를 하기에 가장 적절한 때였음에도 열이 더욱 심하게 났다. 나의 일행은 내가 누워 있는 침상으로 내 몫의 음식을 가져다주었다. 내가 아무리 이렇게 말해도 소용이 없었다. '지금으로선 이 침상 구석에서 뭔가를 먹는 게 불가능하오. 열이 좀 가라앉으면 그때 먹겠소.' 그러면 그들은 이렇게 대답했다. '중국에선 밤에 식사를 하지 않습니다.' 그러면서 그들은 그릇을 들고 물러갔다. 나는 따스한 차만 마실 수 있었는데, 충분히 마시기라도 하면 좋았겠지만 우리가 묵는 곳은 형편없는 여관들이라 늘 마실 수 있는 것도 아니었다. 나는 일행 가운데 한 사람에게 가까이 오라는 신호를 보냈다. 내게는 말하는 것이 금지되어 있었기 때문이었다. 그가 다가오면, 늘 오는 것도 아니기에, 차를 갖다 달라고 부탁했다. '없습니다.' '그럼, 물이라도 주게.' '찬물은 주교님의 병과 상극입니다. 아무리 목이 마르셔도 찬물을 드시는 건 삼가야 합니다.' '그러면 따스한 물을 주게.' '중국에서는 차를 마시는 게 아니라면 따스한 물을 제공하지 않습니다.' '그럼, 여관 주인에게 환자를 위한 거라고 말해 보게.' '중국에서는 여관 주인에게 폐가 될 정도로 성가신 요청을 하지 않는 것이 예의입니다.' 이러한 대화의 결론은 내가 물을 마시지 말아야 한다는 것이었다. 그래도 그렇지 참 ….

이따금 나는 그들 모르게 밤에 마시려고 찻잔을 감춰 두곤 했다. 피로와 열병으로 심하게 갈증이 났다. 그들은 알아채면 매정하게 내게서 찻잔을 빼앗았다. 왜 그러냐고? 중국에서 밤에 물을 마시는 관습이 없기 때문이란다. 다른 사람들이 행여 어둠 속에서 내가 찻잔을 들이켜는 모습을 보게 된다면 유럽인임이 탄로가 날지 모른다는 거였다. 이렇게 두려움이 판단을 흐리게 할 수 있다는 것이 믿기는가? 어쨌거나 그들은 두려움 때문에 그런 식으로 행동했다. 그들은 내가 붙잡힐지도 모른다고 걱정했고, 그렇게 되면 조선 선교지가 버려진 채로 있게 된다는 거였다!

그들은 좋은 뜻에서 그렇게 한 것이었을 터이고 그들에게 감사해야 하는 일이겠지만, 내가 보기에 목적을 이루기 위해 조금 덜 가혹한 방식을 사용했더라면 더 좋았을 것 같았다. 그들은 도무지 이해하기 힘들 정도로 소심했다.

여관에 들어가면 나는 벽을 향해 고개를 돌리고 누워 있어야 했다. 탁자를 마주 보고 앉을 경우, 다른 편 탁자에 앉은 사람들이 나를 알아볼 수 있다고 했다. 내가 비스듬하게 몸을 돌리기라도 하면, 중국에서는 있을 수 없는 일이라고 말했고, 내가 벽 쪽으로 돌아누우면, 의심을 살 만한 유별난 행동이라고 말했다. 또 내가 문가에 앉으면, 지나가는 사람들이 내가 유럽인임을 알아볼 수 있다고 말했다. 결국 그들이 보기에 내가 취해야 할 가장 좋은 자세는 누워 있는 것이었다.

한번은 내가 안경을 쓰고 있지 않다는 이유로 차를 주려고 하지 않았다. 그런데 그때는 밤 11시였다.

특히 그들 가운데 한 사람은 과거 은수 성인들도 많이 하지 않았던 고행을 내게 시키려고 하였다. 뜨거운 햇볕으로 녹초가 되고 거의 질식하다시피 한 내가 그늘에 앉으려고 하자 이를 문제 삼은 것이다. 그는 이렇게 말했다. '어찌 편안한 곳을 찾으십니까? 햇볕 아래 쓰레기 가운데 앉으셔야지요. 조선에 들어가시면 순교하실 터인데 열기와 배고픔, 목마름과 열병 등으로 고통을 겪으셔야 합니다. 설령 도중에 숨을 거두신다 해도 말입니다.' 이 말은 줄이면 곧 이 뜻이다. '얼마 지나지 않아 조선에서 순교하실 자격을 갖추시려면 주교님은 중국에서 죽으셔야 합니다.'"

절강에서 강소로

브뤼기에르 주교는 강소[29]의 접경에 위치한 절강Tché-Kiang을 여행할 때 드넓은 평야를 가로질러 지났다. 대략 300리외[1,200킬로미터] 정도의 평야는 비옥했고 언덕은 거의 찾아보기 힘들었다. 50리외[200킬로미터]를 지나는 동안은 가옥을 한 채도 볼 수 없었다. 그만큼 평야가 사방으로 끝없이 펼쳐져 있었다.

브뤼기에르 주교의 이야기에 따르면, 그가 유럽인임을 사람들이 서너 차례 알아보았다고 한다. 그의 일행이 차를 마시고자 큰길 노점에 들렀을 때였다. 관리 하나가 그곳에 갑자기 들어왔고, 관리의 짐꾼들은 주교의 일행과 동석하고자 했다. 그들이 자리를 잡았는데, 제일 안쪽에 자리를 잡은 관리가 정확하게 주교 맞은편에 앉게 되었다. 이 덕분에 그는 참으로 낯선 인물을 맘껏 살펴볼 수 있었다. 한 무리의 중국인들이 지나갔고, 그들 가운데 하나가 이렇게 외쳤다. "저기 유럽인이 있다!" 이 끔찍한 단어가 들리자 주교의 일행은 대경실색하여 비상사태임을 알렸고 이내 도주했다. 브뤼기에르 주교는 그들이 갑작스럽게 기겁한 원인을 모른 채로 그들을 뒤따랐다. 이 일로 그들은 서둘러 가능한 한 그곳에서 멀어지고자 더 많이 걸었고 그런 만큼 피로도 커졌다. 심지어 잠시도 쉬지 않고 무려 40시간이나 걸었다고 한다.

이러한 강행군으로 브뤼기에르 주교의 병은 더욱 악화되었으나, 일행은 그에게 무엇을 해 줘야 할지 몰랐다. 으뜸 길 안내인인 바오로 노인은 더 이상 끼어들려 하지 않았고, 그들은 점점 더 다루기 힘들어졌다. 그들이 위험을 줄이겠다며 취한 모든 조치가 도리어 상황을 더욱 악화시켰다. 브뤼기에르 주교의 상황은 점점 더 견디기 힘들어졌다.

그들은 북경으로 가는 중앙 황로皇路를 따라갔다. 이 길이 가장 힘든 길이었다. 신길은 사다리나 계단과 같았고, 평아는 날씨가 건조하면 먼지로 가득하여 앞이 안 보였으며, 비라도 내리면 발이 깊숙이 빠지는 진창이 되었다. 이 때문에 가능한 한 밭길을 택하여 걸었다. 하루는 서로가 알 수 없는 오해로 서로 다른 길을 걷다가, 브뤼기에르 주교만이 홀로 평야 한가운데 있어 당혹감을 겪기도 했다. 다행히 안내인들 가운데 한 사람이 주교를 찾아냈다. 그 안내인은 브뤼기에르 주교가 뇌출혈에 걸릴까 걱정이라고 말했다. 사실 브뤼기에르 주교는 그보다는 배고픔과 목마름으로 죽을 지경이었다. 하루가 넘도록 아무것도 먹지도 마시지도 못했기 때문이다.

브뤼기에르 주교와 그 길 안내인은 "즐겨" 기장이나 조 같은 곡물의 줄기를 빨아 마셨고, 한 농부에게서 마실 물과 마늘을 넣은 죽을 얻었다. 길을 걷다가 더는 걸을 수 없게 되자 한 부락에 들어가 말 한 필과 소 한 마리가 모는 수레를 거저 빌렸다. 마침내 저녁이 되고 해가 진 뒤에 어느 작은 읍성에 도착했고, 그곳에서 나머지 일행들과 다시 만났다. 그들은 서둘러 참으로 늦은 점심을 먹었다! 우리 선교사는 푹 쉬리라 생각했으나 안내인들은 다시 길을 떠나자고 재촉했다. 이렇게 계속되는 피로와 결핍으로 그의 병은 악화되고 있었다.

산동 지방

우리의 여행자들은 이제 황하강을 건너 산동 지방으로 들어갔다. 우리의 선교사는 기진맥진해 있었다.

"배에서 내려야 할 때 나는 부축을 받아야 했다. 나는 임종을 맞는 천식 환자처럼 숨을 가쁘게 몰아쉬었다. 아주 심한 호흡 곤란이 20분 동안 찾아와, 숨이 곧 멎는 줄만 알았다. 또 간질병 환자처럼 흙먼지 속에서 나뒹굴었다. 이러한 기이한 모습과 참으로 이상한 옷차림은 내 주위에 있던 많은 중국인들의 시선을 끌었고, 대경실색한 나의 안내인들은 서둘러 나를 다른 곳으로 옮겼다. 그들은 나를 어느 오두막 그늘 아래 눕혔다가, 신선한 공기를 마시게 하려는 생각에서 나를 뜨거운 햇볕이 이글대는 밭으로 옮겼다. 설상가상으로 그들 가운데 하나가 중국식 모자로 내 얼굴을 덮었는데, 이 모자가 바깥 공기를 완전히 차단하여 나는 간신히 쉬던 숨마저 완전히 끊길 뻔했다. 마침내 선하신 하느님께서 내가 차를 마실 수 있게 해 주셨고, 펄펄 끓는 뜨거운 차를 몇 잔 마셨다. 이렇게 차를 마시고 나니 숨을 고를 수 있었다. 하지만 기력은 회복되지 못했다.

나는 나 자신에게 이렇게 말했다. '자, 힘내자고! 오늘은 죽지 않을 거야!'"

브뤼기에르 주교는 다시 길을 떠나야 했다. 그 지역이 위험했기 때문이었다.

"내가 심한 열병을 앓자 나의 일행은 나를 계속 걷게 할 수 없었다. 그들은 나를 수레에 짐을 싣듯이 태웠고, 그 덕분에 나는 조금 숨을 돌릴 수 있었다. 이렇게 길을 가는 동안 나는 여정을 계속하기 위해 내가 동원할 수 있는 방편들을 떠올리느라 우리 주님의 가르침을 잊고 있었다. 주님께서는 당신 제자들에게 이렇게 말씀하셨다. '내일 걱정은 내일이 할 것이다. 그날 고생은 그날로 충분하다.' 사실 폭우로 하루 하고도 반나절을 지체할 수밖에 없었고, 나의 안내인들은 [뭇사람들이 나를 알아볼까?] 두려움에 사로잡혀 내가 벽으로 얼굴을 돌린 채 판자 위에 줄곧 누워 있어야 한다고 강요했다. 이렇게 모로 누워 있는 자세는 편하지 않았다. 나는 얼마간 조심을 하면 반대편으로도 몸을 돌릴 수 있을 거라 생각했다. 하지만 그것은 나의 오산이었다. 조금만 내가 움직여도 나의 안내인들은 기겁했다. 그들은 나를 혹독하게 나무랐고, 나는 그토록 자애로운 교정에 아무런 대꾸도 하지 않았다.

이내 다시 길을 떠나야 했는데, 아무것도 먹지 못하고 땀에 흠뻑 젖은 채로 길을 걸어야 했다. 도로는 침수되어 있었다. 한 시간을 걸은 뒤 나는 들고 가던 막대로 물이 덜 찬 곳이 어딘지 재려 하다가 그만 웅덩이로 떨어졌다. 나는 이 깊은 물구덩이 속에 빠진 채로 한동안 있다가 손에 잡히는 대로 나무들을 붙잡고 위로 기어올랐다. 나는 물에 흠뻑 젖었지만, 여벌의 옷이 없었기에 입고 있던 웃옷을 빨고자 덜 깊은 웅덩이로 내려갔다. 불과 15분 만에 뜨거운 햇살이 모든 것을 말려 주었다. 나는 끔찍한 열병이 더욱 기승을 부리리라 예상했는데, 오히려 정반대였고, 발작도 여느 날들보다 덜했다. 프랑스에서 내가 이 정도의 일을 겪었다면 죽고도 남았을 것이다. 이곳에서 나는 한결 나아졌다.

며칠 뒤 나는 극심한 피로와 쇠약을 겪었다. 나는 계속 걸어야만 했다. 나의 안내인은 차를 마시고자 주막으로 나를 데리고 갔는데, 나는 의자에 앉자마자 잠이 들었다. 또다시 당황한 나의 안내인은 서둘러 나를 밖으로 데리고 나와 허허벌판에서 쉬게 했다. 그의 말인즉슨, 그러한 몰상식이, 곧 의자에 앉아 조는 것이 중국에서는 의심을 살 수 있는 행동이라 걱정했다는 것이었다.

우리는 어느 마을로 들어갔다. 나는 느린 걸음으로 나의 연로한 안내인을 따르고 있었다. 그런데 갑자기 두 사내가 나를 붙잡더니 어느 집으로 끌고 갔다. 너무도 갑작스러운 습격에 나는 다소 놀랐지만, 왜인지는 모르겠지만 두렵지 않았다. 어쩌면 두려움을 느낄 틈도 없었을 것이다.

그들은 요셉에게 나의 인상착의에 관해 미리 듣고 알고 있던 교우들이었다. 아닌 게 아니라 나의 외모가 너무 두드러져 그들은 쉽게 나를 알아보았다.

나는 그 집에 도착하자마자 집주인들에게 침상을 부탁했다. 열병이 다시 나기 시작했던 것이다. 나는 너무도 쇠약해져 3주 내내 걷지도, 앉아 있지도 못했고, 줄곧 침상에 누워 보내야 했다.

마침내 한 달 동안 휴식을 취한 뒤 열병이 가셨고 나는 다시 기력을 회복했다. 하지만 나는 또 다른 질병을 얻었으니, 내가 도착하기 전날 밤 일어난 일 때문이었다.

[사건의 전말은 이러하다.] 나를 동행하던 안내인이 나를 위해 담요 하나를 빌려 두었다. 그런데 이 누비이불을 덮자마자 머리부터 발끝까지 온몸에 해충[이]의 피해를 입었다. 이는 중국에서 너무도 흔한 일로, 대제국[청나라]의 주민들 가운데 이를 겪지 않은 사람이 없을 정도다. 처음에는 가볍게 불편함을 느꼈으나 이내 또 다른 불편함이 뒤따랐으니, 나는 여섯 달 동안이나 끔찍한 가려움증을 앓았다. 머리부터 발까지 피부가 벗겨졌는데, 옴에 걸렸다는 생각이 들었다.

나는 의사를 여러 명 만났는데, 그들은 내가 그 병에 걸리지 않았다고 자신했다. 더러는 내가 추위를 탄 것이라 말했고, 더러는 내가 너무 많은 물을 마셨다고 말했다. 하지만 나는 뜨거운 열기와 갈증으로 거의 죽을 뻔했다. 그 의사들 가운데 하나는 내가 아픈 이유가 슬픔 탓이라고 말했다. 그 의사가 제대로 판단한 것일지도 모르겠다.

어쨌거나 모든 의사가 나를 옴에 걸린 사람으로 처우했다. 그들은 기름 처방을 내렸고 곧바로 내 머리는 이상하게 부풀었다. 나는 먹지도 마시지도 못했고, 입을 열 수도 없었다. 또한 잇몸에서 피가 나왔다. 이렇게 여섯 달 동안 치료를 받으며 인고의 시간을 보낸 뒤 나는 완전히 나았다."

안내인들 가운데 한 사람의 말을 여기서 들어 보고자 한다. 그들이 브뤼기에르 주교를 얼마나 형편없이 대했는지 짐작할 수 있기 때문이다. "내가 직접 조선인들에게 말하여 주교님이 조선에 들어가시지 못하게 말릴 겁니다. 로마에도 편지를 써서, 경솔함으로 중국의 선교지 전체를 잃을 수 있는 사람을 불러 가라고 말할 것이오."

또 다른 안내인은 브뤼기에르 주교를 괴짜라고 불렀다. 세 번째 사람은 어느 날 우리 선교사가 있는 자리에서 보란 듯이 동료에게 이렇게 말했다. "모든 것을 두고 그에게 반대해야 하고, 그가 원하는 것과는 반대로 해야 하오. 그래야 그의 성격을 순화시킬 수 있고, 조선에 들어가기에 합당하도록 만들 수 있소."

이들을 두고 브뤼기에르 주교는 이렇게 판단했다. "그들은 내가 충분히 순화되고 합당하게 되려면 아직 멀었다고 여긴 모양이다. 그 사람은 프랑스인들은 모두 '철통 머리'를 하고 있다(이는 그의 표현으로, 고집이 세다는 말이었다.)고 생각했고, 나는 그러한 이상한 편견의 희생자였다."

브뤼기에르 주교는 다시 또 길을 떠나야 했다. 그들은 주교와 상의도 없이 노새 두 마리와 말 한 필과 수레를 구입하는 데 400

프랑을 썼다. 현지[30]의 중국인 선교사는 닷새 떨어진 곳에서 유능한 마부를 찾아 주었으나 이 마부는 그 제안을 받자 놀라서 이렇게 말하며 단칼에 거절했다. "주교와 모든 신자들이 죽을 것이 뻔한데, 내 목숨을 내놓고 싶지 않소." 안내인들의 지나친 소심함이 교우들에게까지 전염되어 그들도 두려워하기 시작했고, 마부의 그러한 답변으로 교우들의 두려움은 더욱 커졌다. 온 마을이 두려움에 떨었다.

별안간 동행인들과 마을의 유지들이 주교를 찾아와 그들의 결정을 알렸다. 안내인 요한이 입을 열었다. "주교님, 주교님은 더는 가실 수 없습니다. 매우 위험할 것이 분명하고, 주교님과 함께 갈 사람이 아무도 없을 겁니다. 걸음을 돌리셔야 합니다. 아니면 산서(山西, Chang-si)나 호광(湖廣, Hou-Kuang)이나 마카오로 가시지요. 이곳 신자들은 더는 주교님을 모시려고 하지 않습니다. 이상이 저희 심정입니다! 주교님의 생각은 어떠십니까?"

그러면서 이 말을 덧붙였다. "주교님께서 달단으로 가려고 하신다면, 분명 붙잡혀 죽음을 맞게 될 것입니다. 또한 복건과 남경의 주교님들도, 그곳의 모든 교우들과 우리가 지나온 지방의 관리들도 모두 죽을 것입니다. 그러면 박해가 산서, 사천 등지로 퍼져 나갈 것입니다." 한 사람의 경솔함으로 대학살이 일어날 것이라 그들은 확신했다.

　오직 요셉만이 반대 의견을 가졌으나 그들은 요셉의 의견을 결코 받아들이지 않으며 말했다. "자네는 참 경솔하네. 유럽인들을 제국에 들어오게 하고 북경의 성문까지 데려오다니, 모든 신자들이 학살당할 위험을 모른단 말인가. 자네가 계속 그것을 고집한다면, 우리는 돌아가겠네."

　주교는 그들의 말에 반대하지 않는 것이 신중하다고 판단하여 자신의 신학생 왕 요셉에게 먼저 말한 뒤 그들에게 대답하겠다고 약속했다. 요셉은 브뤼기에르 주교에게 "저는 계속 나아가야 한다고 생각합니다."라고 말했다. 그러자 주교는 똑같은 생각이라고 그들에게 말했다. "나도 똑같은 생각입니다. 섭리의 하느님께서 우리를 여기까지 이끌어 주셨습니다. 이는 앞으로도 그러하시리라는 보증이 됩니다. 나는 나의 행로를 끝까지 다하고자 필요한 모든 것을 다 하기로 결심했습니다. 물리적으로 더 이상 앞으로 나아갈 수 없거나 동행할 이가 아무도 없을 때까지, 나는 앞으로 계속 나아갈 것입니다."

　이렇게 대답하자, 모두가 사라졌다. 브뤼기에르 주교는 안내인을 구하고자 북경으로 사람을 보냈다. 기다리는 동안 그는 밤낮으로 방에 갇혀 지냈고, 먹을 것을 주러 오는 두 사람만 볼 수 있을 뿐 다른 사람들은 볼 수 없었다. 북경으로 보낸 이들은 돌아왔으나 요셉은 병이 나서 회복을 위해 북경에 남았다.

마침내 [9월 29일] 브뤼기에르 주교는 작은 여행단을 꾸려 [북경을 향해] 출발했다. 여행단은 길을 모르는 길잡이와 마부 역할을 맡은 소몰이꾼, 태생적으로 겁이 많은 통역관, 그리고 귀먹은 벙어리인 채 자신이 어디로 안내되고 있는지 모르는 선교사 이렇게 네 사람이었다.

출발일이 성 미카엘 축일이었으므로, 불안한 기색이 역력한 동행자에게 브뤼기에르 주교는 안심시키려는 뜻에서 이렇게 말했다. "오늘이 바로 성 미카엘과 훌륭한 천사들의 축일입니다. 사람들이 우리와 동행하는 것을 거절한다 해도 천사와 성인들이 우리와 함께해 주실 것이니 더욱 잘된 일입니다."

마침내 산서성, 곧 달단 지방과 인접한 지역에 접어들었다. 하지만 이곳에서는 검문을 통과해야 했다. 요한은 불안해했다. 어떻게 하면 검문소를 지날 수 있을지 고민하던 그는 브뤼기에르 주교에게 비단옷을 입혔고, 그의 코를 매우 크고 두꺼운 안경으로 가렸다. 그리고 일종의 연기를 하도록 했는데, 벼슬아치처럼 앉는 법, 중요한 사람처럼 몸가짐을 하고 손 모양을 하는 법 등을 가르쳤다. 브뤼기에르 주교는 이를 두고 "나는 사람들이 조종하는 대로 움직이는 마네킹 같았다."고 했다.

그러한 차림으로 여관에서 검문소까지 가는 한 시간 반 동안 요한은 브뤼기에르 주교에게서 눈을 떼지 않았다. 만약 그가 일러 준 것과 조금이라도 다르게 움직이기라도 하면 온몸을 부르르 떨었다. 마침내 검문소에 이르렀고 위험천만한 통행이 감행되었다. 길 안내인은 정복을 입고 말 위에 올라 으뜸 시종 역할을 했다. 도열하여 고관대작을 기다렸던 검문소 관리들은 브뤼기에르 주교가 도착하자 못마땅한 얼굴로 그를 유심히 살폈다. 잠시 침묵이 흐른 뒤 그들은 별다른 검색을 하지 않고 통과하라는 신호를 보냈다.

검문소를 통과하자마자 브뤼기에르 주교 일행은 사슬에 묶인 채로 유배지로 끌려가는 도형수들을 만났다. 주교 일행은 그들에게 돈을 조금 주어야 했다.[31]

일행은 서쪽으로 향해 난 길로 접어들었다. 그러나 그 길의 상태가 매우 나빴다. 50리외[200킬로미터]를 지나는 동안 바위산과 협곡을 자주 만났고, 이따금 가파른 언덕을 기어올라야 했으며, 곧바로 깊은 바위 협곡으로 내려가야 했다. 매우 경사진 길을 내려가다 보면 스무 걸음 뒤에는 길이 사라져 보이지 않았고, 앞으로 고꾸라질 듯했다. 노새들도 매번 넘어지기를 반복했고, 사고가 나지 않도록 서너 명이 수레를 단단히 붙잡아야 했다. 너무도 위험하여 암벽에 부딪히거나 협곡 밑으로 떨어지기라도 하면 **뼈가 부러질 것만** 같았다.

    이러한 길을 지나며 세 사람이 다쳤다. 이 위험천만한 길을 지나는 동안 모든 사람이 탈것에서 내렸다. 오직 브뤼기에르 주교만 내리지 못하고, 위험을 감수해야 했다. "그들이 보기에 내가 행인들의 눈에 띄기보다 수레 안에서 으깨지는 것이 덜 위험하다고 생각했기" 때문이다.

산서에서

마침내 우리의 여행자들은 산서山西 주교관에 도착했다.[32] 그들은 이 산서 지방의 북쪽을 통해 달단에 가고자 했다. 산서 대목구장[33]은 브뤼기에르 주교를 각별히 정중하게 맞이했다. 브뤼기에르 주교는 곧바로 다시 길을 떠날 거라 생각했으나 그럴 수 없었다. 요동으로 그를 안내해야 하는 요셉이 북경에서 여독으로 인해 11월에야 브뤼기에르 주교와 합류할 수 있었고, 곧이어 연행 사절단에 포함된 조선인들을 만나 1834년 연내에 조선으로 들어갈 수 있도록 막바지 조치를 취하기 위해 북경으로 되돌아가야 했기 때문이다.

1834년이 되자 브뤼기에르 주교는 자신의 여행기에 이렇게 썼다. "새해가 시작되었으나 호의적인 징후는 보이지 않았다. 여느 해들과 비교해 더 좋을 거라는 예감이 들지 않았다. 하지만 성공을 확신하듯이 나는 내 일에 전념했다." 이 얼마나 대단한 믿음과 용기인가!

이 무렵 모방 신부는 북경에 있는 남경 주교의 주교관에 있었다. 북경에서 그는 수장[브뤼기에르 주교]의 지시를 받게 되면 곧장 달단으로 떠날 채비를 하고 있었다. 하지만 그 자신도 어디로 가야 할지, 또 무엇을 해야 할지 모르는 처지에 있던 브뤼기에르 주교가 어떻게 지시를 내릴 수 있었겠는가?

한편, 샤스탕 신부는 조선 국경까지 갔으나 입국을 도와줄 안내인[조선 교우들]을 만나지 못해 다시 중국으로 되돌아왔고, 더 좋은 때를 기다리고 있었다.

브뤼기에르 주교는 하는 수 없이 기다릴 수밖에 없었다. 산서성의 중심 도시(城都) 태원부[34]에서 1년이 넘도록(1833년 10월 10일부터 1834년 9월 22일까지) 그는 발이 묶여 있었다. 이곳은 예전에도 지금도 주교관이 있는 도시다.[35]

브뤼기에르 주교가 그곳에 오래 머문 이유 가운데 하나는, 산서 주교관에서 조선 선교지를 관할하는 북경 주교와의 연락과, 연행 사절단에 속한 조선 교우들과의 접촉을 더욱 수월하게 할 수 있기 때문이었다. 외국인들에게, 특히 사제들에게 굳게 닫힌 조선이라는 나라로 선교사들을 인도할 수 있는 이들은 오직 조선 교우들뿐이었다.

그렇게 한 해 동안 줄곧 기다리면서 그곳[산서]에서 브뤼기에르 주교는 무엇을 했을까? 다른 무엇보다 그는 기도를 했다. 그가 사랑하는 조선인들에게 마음껏 줄 수 있는 유일한 것이 바로 기도였기 때문이다. 그는 온 마음을 다하여 하느님께 그가 조선에 들어가 사도직을 펼칠 수 있도록, 지금 그를 가로막고 있는 장애물들을 없애 달라고 청했다.

이러한 기도와 함께 브뤼기에르 주교는 하느님께 그의 고통을 봉헌했다. 실제로 그는 여러 고통을 겪고 있었다. 브뤼기에르 주교의 신분이 발각될 경우, 가뜩이나 박해의 위협을 받고 있는 산서 지방에서 피 흘리는 박해가 일어나 천주교가 와해될 수 있기에 그는 가능한 한 숨어 지내야 했다. 그렇다 보니 산서 주교에게 아무런 도움이 되지 못하면서 부담이 되고 있기에 고통스러웠다. 또한 브뤼기에르 주교는 "그가 그토록 바라 마지않는 너무도 소중한 조선인들 속에서 살고 죽기" 위해 서둘러 그의 선교지로 들어가야 함에도 그러지 못하기에 고통스러웠다.

또한 그의 충실한 요셉을 길고 위험한 여정을 하도록 북경에 계속 보낼 수밖에 없었기에 괴로웠다. 어느 편지에 그러한 걱정이 담겨 있다. "과연 언제 그가 되돌아올까요? 되돌아올 수 있을까요? 오직 하느님만이 아시겠지요." 브뤼기에르 주교는 요셉을 북경만이 아니라 조선 국경에까지 보내어 입국로를 탐색하게 했고, 그곳에 조선 입국을 기다리며 은신해 지낼 수 있는 집을 구해 보도록 했다.

브뤼기에르 주교는 북경으로 파견된 조선 교우들과 국경 근처에 사는 [중국인] 교우들, 그리고 특히 파치피코 신부의 지연되는 답장으로 더욱 괴로웠다.

그들의 답장을 읽은 브뤼기에르 주교는 당혹감을 감출 수 없었다. 브뤼기에르 주교가 그들의 나라[조선]로 들어가지 못하는 상황에서 젊은 조선인들이 중국에 있는 신학교로 왔다가 [사제품을 받고] 고국으로 되돌아가 동포들을 가르칠 때까지, 그들에게는 중국인 파치피코 신부로도 충분할 수 있었기 때문이다. 조선 교우들은 중국인 선교사[주문모 신부]가 나라에 들어와 교인이 희생되는 박해가 일어났다고 확신했다. 따라서 외국인 주교가 입국한다면 그보다 더한 일, 곧 대박해가 일어나 조선에서 그리스도교는 완전히 사라질 것이라고 보았다.

게다가 [설령 브뤼기에르 주교가 입국하더라도] 가난한 교우들이 은신해 있는 산속에서 과연 누가 주교를 맞고 거처와 양식을 제공할 것인가? 조선 정부는 비교적 호의적이던 임금[정조]이 서거한 이래 매우 악해졌다! 브뤼기에르 주교는 안타까운 심정으로 이렇게 썼다. "나의 모든 희망이 서너 명의 사람들에 달려 있습니다."

브뤼기에르 주교는 그러한 상황에 몹시 괴로워했다. 여느 사람이라면, 담금질이 덜된 영혼이었다면 낙심할 수 있는 상황이었겠지만 그는 그러한 나약함과는 거리가 멀었다. 그는 희망했고, 그럴 자격을 갖추고자 스스로 혹독한 내핍의 생활을 했다. 그는 오직 하느님께 희망을 두고, 그분의 도우심을 고대했다. 그분이 없다면 자신은 아무것도 할 수 없음을 알고 있었기 때문이다.

브뤼기에르 주교는 어느 회장의 도움을 받아 중국어를 배웠다. 이 사람은 [중국] 황실 가문의 후손인 달단의 제후로,[36] 오랜 세월 유배 생활을 한 뒤 계속 천주교인으로 남고자 산서 주교를 찾아왔다.

브뤼기에르 주교는 또한 조선의 지리, 역사, 종교, 풍속 등을 공부하며 장차 조선에서의 성무 활동을 준비했다. 조선의 그리스도교 전래와 조선 교우들의 열정과 조선 순교자들의 용덕에 대한 장문의 보고서를 작성하며 희망의 이유들을 곰곰이 생각했다.

그는 조선 입국을 위한 가장 확실하고 안전한 방법들을 모색하였다. 그는 조선에 들어가, 목자 없이 지내면서도 신앙을 굳게 지켜 온 교우들을 위로하고, 아직 복음을 모르는 700-800만 명의 외교인들에게도 복음을 전할 수 있기를 희망했다. 더 나아가 조선을 통하여, 프란치스코 하비에르 성인이 그토록 소중하게 여긴 일본 열도에도 그리스도교가 전파되리라 내다보았다.

이러한 생각은 브뤼기에르 주교의 열정에 불을 지폈고, 심지어 불가능한 일을 시도하기에 이르렀다. 그는 이렇게 썼다.

"어쩌면 저는 간절한 저의 바람이 이루어지는 것을 보지 못할지 모릅니다. 그리고 훨씬 유능한 [이들의] 손길을 통해 참으로 멋진 시도가 일어날지도 모르지요. …"

그는 이렇게 덧붙였다.

"저희는 모든 방법을 시도하고 모든 노력을 다할 것입니다. … 과연 저희가 성공할까요? 선하신 하느님만이 아시겠지요. 조선인들(천주교인들)이 그들 나라에 우리를 데려가기로 결심하게 만들기 위해 행하는 저희의 모든 시도가 허사가 된다면, 남은 방법은 완력으로 들어가는 방법밖에 없습니다. 물론 이것은 최후의 방법으로 행해야 할 절망적인 해결책일 것입니다."

참으로 숭고한 용덕이 아닐 수 없다! 브뤼기에르 주교가 소중하게 여기는 조선인들을 위해 할 수 있는 일이 없다면, 그는 그들을 위해 순교하게 될 것이다. "순교자들의 피가 그리스도인들의 씨앗"이라는 것을 그는 잘 알고 있었다.

순교를 기다리며 그는 현실적인 고통을 담대하게 받아들였다.

"저는 그 어떤 것에도 놀라지 않습니다. 모든 것을 받아들일 준비가 되어 있습니다. 제가 이 선교지를 자원했을 때 온갖 노고와 온갖 위험을 감수해야 한다는 것을 알고 있었습니다. 그리고 지금까지 저는 제가 생각했던 것보다 더한 것들을 겪었습니다."

그에게 큰 위안은 하느님의 뜻에 자신을 내맡기는 것이었다.

"하느님은 어디에나 계십니다. 그분의 지시와 그분의 허락이 없다면 이 세상에 그 어떤 일도 일어나지 않습니다. … 하느님의 계획은 언제나 옳고 언제나 칭송드릴 만한 것입니다. 따라서 그분 은총의 도움으로 그분의 계획에 순명하는 것이 곧 저의 의무입니다. … 하느님께서 우리가 그 많은 여정과 노고 끝에 천국에 닿을 수 있도록 해 주시기를 빕니다."

❝ 하느님의 섭리대로
그분의 손에 저를 내맡기며
온갖 위험을 무릅쓰고
마침내 이 여정의 끝에 닿게 되기를 빕니다. **❞**

Barthélemy
Bruguière

브뤼기에르 주교의 선종

달단으로 떠나다

서만자에서

조선을 향한 마지막 여정

브뤼기에르 주교의 선종

사후 96년 만의 조선 입국

고향 레삭도드에서 거행된 추모 미사

달단으로 떠나다

    1834년 9월 22일, 브뤼기에르 주교는 산서 대목구장[살베티 주교]과 총대리 도나토 신부[37]와 작별 인사를 나눴다. 이들은 그에게 결코 잊지 못할 도움을 주었고 심지어 경비까지 보태 주었다. 브뤼기에르 주교는 달단(지금의 내몽골)을 향한 여정을 계속했다. 달단은 조선과 좀 더 가까운 곳이라 그곳에서 지내며 조선 입국의 기회를 잡을 계획이었다. 또한 달단은 북경과도 충분히 가까운 곳이라 행여 조선의 교우들 가운데 연행 사절단에 포함되어 오는 이들이 있다면 그들을 맞이하기에도 수월한 곳이었다.

    브뤼기에르 주교가 산서를 출발하기 전에 죽었다고 생각했던 요셉이 돌아왔다. 조선으로의 입국로를 찾아 떠났던 그가 넉 달 만에 걸어서 돌아온 것이었다. 그는 달단에서 조선으로 들어가기에 좋은 길을 찾아냈고 만리장성을 넘는 것도 별 어려움이 없었다고 전했다. 좁은 옛길을 통해 갈 수도 있고 검문이 심하지 않은 문들을 통해서도 지나갈 수 있다고 말했다. 또한 서[西]달단에서는 인적이 드문 황야를 제외하면 별다른 위험이 없었는데, 황야에서 도적 떼를 만날 경우 모든 것을 빼앗길 위험이 있다고 전했다. [서달단의 경우] 교우들과 특히 프랑스인 라자로회 선교사들이 브뤼기에르 주교를 기쁘게 맞겠지만, 동[東]달단에서는 단 한 명의 교우도 주교를 선뜻 맞아들이려 하지 않을 것이라고 했다.

"그[요셉]가 얼마 전 그랬듯이 조선 국경까지는 신분이 발각되지 않고서 손쉽게 갈 수 있을 것이다. 중국과 조선 두 나라를 가르는 큰 강으로, 1년에 두 달 동안 물이 어는 강에 낚시를 온 것처럼 꾸며 감시병들을 속이고 조선 왕국에 몰래 들어갈 수 있을 것이다. 또 중국과 조선 두 나라 사이에는 해마다 서너 차례 공동 시장[開市]이 열리는데 그때 상인들과 뒤섞여 들어갈 수도 있을 것이다."

요셉이 전하는 이야기를 들으며 브뤼기에르 주교는 다시 길을 나섰다. 이번 여행은 수월했고 심지어 유쾌하기도 했다. 그 어떤 장애물도 없었고, [통과하기 힘들다는] 허풍이 심했던 그 유명한 만리장

성도 무사히 통과할 수 있었다. 브뤼기에르 주교는 이렇게 썼다.

"이 장성(기원전 삼백 년에 몽골인들의 침략을 막고자 제국을 아우르는 3,000킬로미터 가까운 길이로 세워진)을 비롯하여 중국의 또 다른 놀라운 치적들은 그림으로 보아야 그 명성이 무색해지지 않을 것이다."

마침내 [1834년] 10월 8일 브뤼기에르 주교는 달단의 서만자 Sivang에 도착했다. 그리고 그곳에서 복건 지방에서 헤어진 뒤로 줄곧 보지 못했던 모방 신부와 상봉했다. 한 달 뒤에는 그곳에서 요셉을 맞았다. 요셉은 북경에 네 번째로 다녀오는 길이었으나 연행 사절 가운데 교우를 단 한 사람도 찾지 못했다. 이러한 매우 유감스러운 상황이 계속된다면 브뤼기에르 주교는 이 서만자 교우촌에서 1년 내내 지낼 수밖에 없었다.

1년이라니! … 또다시 일정이 지체되면서 그의 초조함이 커지는 듯했다! 브뤼기에르 주교는 여러 차례 "낯선 땅에서 죽는 것"을 대단히 염려했다. 하지만 난관들 속에서도 그는 낙심하지 않았다. 오히려 어떠한 희생을 치르더라도 자신의 사명을 완수하고야 말겠다는 열망과 불굴의 의지를 다졌다.

브뤼기에르 주교는 자신의 사명에 대해 생각을 거듭하고 계속해서 준비했다. 같은 해(1834년)에는 그의 동료들, 곧 모방 신부와 샤스탕 신부와 함께할 방법을 모색했고, 지혜롭고 용맹한 앵베르 신부[38] 또한 잊지 않았다. 사천 대목구에서 12년 동안 성무를 펼친 경험이 있는 이 앵베르 신부를 브뤼기에르 주교는 자신의 보좌 주교이면서 후임으로 생각하고 있었고, 실제 엥베르 신부는 얼마 지나지 않아 그의 후임자가 된다.

그런데 조선의 교우들은 "자신들에게 파견되는 유럽인 선교사들을 모두 받아들인다."라고 말하면서도 "[국경] 통과가 수월하도록 한 번에 한 사람만 받겠다."고 전했다.

산서에서처럼 [서만자에서도] 브뤼기에르 주교는 기도와 금욕과 인내의 생활을 하며 그가 지나온 고장에 관한 편지와 연구 자료들을 썼다. 그는 장차 그의 교구민들이 될 이들[조선 교우들]과 연락하려고 노력했고, 그들과 접촉하고자 요셉을 계속해서 보냈다. 허약한 요셉은 영하 30도의 추위가 계속되었고 자신을 돌보는 데에 필요한 재원이 부족했음에도 여전히 용기로 가득했다.

서만자에서

　서만자에서 브뤼기에르 주교의 생활은 비교적 평온했다. 그는 중국과 달단에서 복음을 전하는 선교사에게 안전한 곳을 꼽는다면, 바로 서만자 마을이라고 말했다. 실제 브뤼기에르 주교가 겪었던 일들이 그의 말이 맞다는 것을 보여 주었다. 그는 이렇게 썼다. "거의 모든 주민이 천주교인으로, 신앙심이 깊으며 우리를 기쁘게 맞아 준다. 이들의 수는 600명 남짓으로, 그들의 생활과 신앙, 사제에 대한 순종은 참으로 깊은 감화를 준다."

　서만자에는 교우들의 헌신으로 "크고 아름다우며, 성화들로 장식된" 성당이 세워졌다. 이를 두고 그는 "대부분의 주민들이 미신을 믿고 따르며 우상들을 모신 사원들이 많은 이 고장에서 성당이 서너 개에 불과한 이 시대에 주님께서 이루신 참으로 놀랍고 믿기 힘든 기적"이라고 전했다.

 브뤼기에르 주교는 이곳 서만자 성당에서 프랑스에 있을 때처럼, 주일에는 장엄하게 창 미사와 함께 시간경을 바쳤다. 남자 교우들을 위해서는 성당에서, 여자 교우들을 위해서는 네 곳의 집을 방문하여 주일 강론과 교리 교육을 했고, 저녁 기도를 함께 바치며 회합을 가졌으며, 기도와 함께 성인전을 읽었다. 날마다 150-200명의 신자들이 미사에 참례했고, 주일을 거르는 교우가 아무도 없었다. 묵주 기도에 대한 신심도 대단하여 신자들 대부분이 일주일에 세 차례 함께 모여 묵주 기도를 바치고 신비들을 묵상했다. 서만자의 신자들은 스카풀라를 받으면 매우 좋아했는데, 그들은 이를 큰 은총으로 여겼다.

 브뤼기에르 주교는 서만자에서 6개월 가까이 평온하게 지냈다. 그러다 갑자기 산서 지방 전역과 인근 지역에 박해가 일어났다. 그 원인은 몇몇 폭도들이 그 지역 관리를 살해했기 때문이었다. 게다가 그들은 그 관리뿐만 아니라 그의 가족과 하인들, 호위병들을 모두 죽였고, 그의 집에 불을 질렀다. 그런데 그 관리의 집은 [산서] 주교의 거주지와 멀지 않은 곳에 있었다.

폭도들이 그러한 대학살을 일으킨 이유는 물론 불행한 중국인들을 도탄에 빠뜨린 관리의 폭정과 수탈이었을 것이다. 살해당한 관리보다 더 나을 게 없던 동료 관리들은 두려움을 느꼈고, 일품 무관이 백련교도에 대한 체포령을 내렸다. 이러한 체포령이 내려지면 금지된 종교를 따르는 천주교인들도 체포되는 일이 다반사였다. 그러나 비밀 결사인 백련교도가 정부의 붕괴를 꾀한 반면에, 천주교인들은 정부에 순응하고 있었다. 체포된 교인들 가운데 중국인 사제도 한 명이 포함되어 있었고, 이는 천주교 박해를 일으키기에 충분한 빌미가 되었다. 상당수의 신자들이 이미 감옥에 있었고, 중국 북부와 달단의 선교사들은 피신할 채비를 했지만, 다행스럽게도 박해령은 사흘 만에 철회되었다.

그러나 산서에서 시작된 [박해의] 폭풍은 이웃 지방에서 반향을 일으켰다. 실제로 산서 총독(vice-roi)으로부터 소식을 들은 직예 총독이 하급 관리들에게 내린 백련교도 체포령이 지극히 당연한 것처럼 천주교인에 대한 체포로 이어졌다.

어느 날 저녁 7시 브뤼기에르 주교는 이상한 전갈을 받았다. "유럽인 선교사들이 서만자에 숨어 있다는 것을 통지받은 [직예] 총독이 그 지역 관장에게 그들을 즉각 체포하라는 명령을 내렸습니다. 지금 바로 피신하시어 숨으십시오." 그에게 조심하라고 일러 준 이는 다름 아닌 그 관장의 수하 관리들이었다. 브뤼기에르 주교는 곧바로 의심을 살 만한 모든 물건들을 깊이 숨기고 선교사들은 토굴로 피신했다.[39] 몇몇 장소에 보초들을 세워 관병들이 올 경우 미리 알려, 산으로 피신하라는 신호를 보내도록 했다. 며칠 뒤 또다시 경보가 왔고, 그는 허름한 오두막으로 피신했다. 열흘 뒤 브뤼기에르 주교는 더욱 안전한 피신처를 찾아야 했다.

피신했던 선교사들은 마침내 두려움 반, 기대 반으로 서만자로 돌아왔다. [직예] 총독이 그리스도인들에게 더욱 악의를 품었으나 그 지역 관장은 그의 명령을 교묘하게 피했기 때문이었다.

이번 박해로 몇 명이 희생되고, 상당수 신자들은 옥살이와 고문을 겪고 엄청난 벌금형을 선고 받았으나 대부분의 사제들과 신자들은 산속에서 피신해 지낼 수 있었다.

브뤼기에르 주교가 서만자에서 전력을 기울인 것은 조선인들과의 일련의 대담이었다. 이를 통해 그들이 자신을 받아들여 그들의 주교로 인정하고 그가 조선에 들어갈 수 있게 되는 것이었다. 조선 교우들은 그때까지 북경 주교의 관할하에 있었다.

하지만 우리가 앞서 본 것처럼 조선 교우들은 외국인을 나라에 들어오게 함으로써 큰 박해가 일어나지 않을까 걱정했다. 그들이 결단을 내릴 수 있도록 브뤼기에르 주교는 그의 충실한 요셉을 그들에게 보내면서 더욱 다급하고 간절한 내용이 담긴 편지들을 전했다. 그는 조선 교우들에게 에두르거나 격식 차린 표현이 아니라, 분명하면서도 간단한 즉답을 요구했다. 그때까지 그들은 지극히 정중하지만 얼버무리는, 결국엔 거절을 의미하는 답변만을 주었기 때문이다. 그들은 다음과 같은 이유들을 들었다.

"저희는 그 큰 스승 Grand Maître께서 저희에게 주시는 영예를 받을 만한 자격이 없습니다. … 시절이 좋지 않아 그분을 맞으러 국경에 갈 수 없는 어려움을 겪고 있습니다. … 저희 신부님을 잃은 잔혹한 박해를 겪은 지 불과 몇 해 되지 않았고 … 가난한 저희가 어찌 주교님께 거처와 양식을 마련해'드릴 수 있겠습니까? … [주교님께서 입국하신다 해도] 외모와 용모가 조선인들과 사뭇 달라 매 순간 발각될 위험에 처하실 것입니다. … 주교님의 외양과 말씀으로 곧 표가 날 것입니다. … 게다가 저희는 파치피코 신부님으로 충분할 것입니다."

조선 교우들은 급기야 남경 주교에게 편지를 쓰기에 이른다. 그들은 북경에 거주하며 조선 선교지도 맡고 있는 남경 주교에게 브뤼기에르 주교의 조선 입국을 미뤄 달라는 내용의 편지를 썼다.

"하지만 지금으로선 많은 어려움이 있습니다. … 상황이 좋지 않습니다. … 그런데 위험의 요인들이 여전히 있습니다. 큰 스승[브뤼기에르 주교]의 입국이 그 하나로, 아마 가장 큰 위험의 요인이 될 것입니다. 그러면 저희는 오랫동안 평온함을 누리기 힘들 것입니다. 게다가 혹여 사건(주교의 체포와 뒤이은 박해)이 일어나기라도 한다면 저희는 어디로 갈지 모르고 길을 잃을 것입니다. 이는 조선에만 불행이 아니라 북경 교회에도 불행이 될 것입니다. 게다가 장차 선교사들을 모시리라는 모든 희망이 영원히 물거품으로 끝날 것입니다. 너무도 고통스러운 일이 되지 않겠습니까. …"

요셉은 다시 북경으로 가서 연행 사절로 온 조선 교우들에게 브뤼기에르 주교의 편지를 전했다. 이 편지에서 브뤼기에르 주교는 그들이 자신을 받아들일 수밖에 없는 이유들을 밝혔다. 무엇보다 그것은 하느님의 영광을 위한 것이며, 그들 자신의 [영적] 선익을 위한 일이라 밝혔고, 로마와 조선 선교지에 대한 브뤼기에르 주교의 입장 등을 전했다. 그는 다음과 같은 결심으로 편지를 끝 맺었다.

"여러분의 결정이 어떠하든, 나는 예수 그리스도의 대리자를 통하여 위임받은 선교를 실현하기로 결심하였습니다. 나는 음력 11월에 조선 국경으로 갈 것입니다. 내가 직접 문을 두드릴 것입니다. 그리고 수많은 교우들 가운데 그들이 직접 요청하였고, 자비로우신 하느님께서 그들에게 보내 주신 주교를 맞아들일 만한 용기가 있는 사람이 단 한 명이라도 있는지 내 눈으로 직접 보겠습니다."

그들에게 깊은 인상을 주고, 그들이 깊이 감동받은 일은 바로 그들에게 교황의 칙서를 읽어 준 것이었다. [그 칙서에는] 말이든 조언이든, 다른 부정한 방식으로 적극적으로 대목구장을 그의 선교지에 들어가지 못하도록 막는 경우, 그 사실 하나만으로도 파문에 처한다는 내용이 담겨 있었다.

조선 교우들은 이러한 내용의 답신을 보냈다.

"하교하신 내용[교황 칙서]을 읽고 나서 저희는 벼락을 맞은 것처럼 충격을 받았고 주교님께 순명하고자 합니다. 내년 음력 11월 저희는 변문에(정해진 장소와 날짜에) 교우들을 보내어 주교님을 맞을 것입니다. [서로를 알아보는] 식별의 표시는 이렇습니다. 만萬과 신信이라는 두 한자와 손수건입니다. 그러면 모든 것이 잘 풀릴 것입니다."

이상이 서로 끊임없이 주고받은 필담의 만족스러운 결과였다. 브뤼기에르 주교는 마지막 편지를 통해 조선 교우들의 용기를 북돋우고자 했다.

"여러분이 마침내 성령께 충실하여 여러분 자신의 [영적] 선익에 눈을 떴음을 알게 되니 더할 나위 없이 기쁩니다. 하느님의 보호 아래 있으십시오. 성모님과 천사들과 성인들의 도움을 간구하십시오. 그리고 용기와 믿음을 갖고 여러분이 내린 고귀한 결심을 행동으로 옮기십시오. 그러나 하느님의 섭리에 의탁해야 합니다. 또한 그분의 섭리를 따라야 합니다. 하느님의 섭리는 여러분 없이 아무것도 행하지 않으실 겁니다. 선하신 하느님께서 당신이 친히 시작하신 일을 행복하게 끝맺으시리라는 확신을 갖고, 그분의 이끄심에 전적으로 내맡기십시오."

브뤼기에르 주교는 그가 일평생 간절히 바라던 바를 마침내 실현하게 될 날을 맞았다. 때마침 반가운 소식이 들려왔다. 가즐랭Gagelin 신부⁴⁰의 영광스러운 순교 소식과, 조선 선교지를 파리외방전교회에 최종 위임한다는 로마 포교성성의 교령이었다.

조선 입국을 위한 준비가 더욱 구체화되었다. 약속 장소는 봉황성 변문으로, 조선 국경 근처에서 [교역을 위한] 장시가 열리는 지역 인근이었다. 요셉의 건강은 완전히 회복된 것은 아니고 조금 나아졌다. 요동(조선 국경)으로 보냈던 밀사들이 돌아왔다. 그들은 1년에 150프랑을 주고 널찍한 가옥 한 채를 빌렸다. 이제 브뤼기에르 주교에게 남은 일은 서만자에 모인 신부들에게 감사와 작별의 인사를 전하는 것이었다. 모방 신부와 얼마 전 라자로회 장상이 된 물리Mouly 신부⁴¹, 중국인 신부 네 명이 그들이다. 그런데 안타깝게도 모방 신부는 그가 생각했던 것보다 일찍 주교와 합류하게 될 것이다.⁴²

브뤼기에르 주교는 마가자에서 사목을 하는 중국인 곽 신부와 동행하기로 했다. 그러한 덕분에 곽 신부가 브뤼기에르 주교 곁에 있을 수 있었고, 그에게 마지막 성사들을 줄 수 있었다. 브뤼기에르 주교는 많은 회장들과, 몇몇 신학생들, 깊은 신심으로 그에게 깊은 감화를 주었던 서만자의 신자들과도 작별 인사를 나눴다.

조선을 향한 마지막 여정

브뤼기에르 주교는 조선으로 향한 마지막 여정의 출발 일정을 글로 남겼다.

"우리는 [1835년] 10월 7일 수요일에 출발할 것입니다. 작은 수레를 하나 장만했는데, 이륜 가마와 비슷합니다. 이 수레의 가격은 멍에와 씌우는 연결재를 포함하여 7프랑입니다. 말 두 필은 140프랑을 주었고, 공짜로 한 마리를 더 받았습니다. 이렇게 우리는 작은 여행단을 꾸렸습니다. 우리 일행은 완전 무장을 하고 있습니다. 200여 리외[800킬로미터]가 넘는 길을 걸어야 하는데, 도적 떼와 맹수들이 들끓는 산들과 황야를 지나야 하기 때문입니다. 날마다 약탈 소식이 들립니다. 이 도적들은 대개 저항을 하지 않으면 사람을 죽이지 않습니다. 나그네의 물품을 빼앗는 것으로 그치는데, 이따금 입고 있는 옷까지 빼앗기도 합니다. 그런데 이는 지금처럼 추운 때에 잔인한 살해와 다르지 않습니다. 아직 9월이기는 하지만 꽁꽁 얼 정도로 날씨가 매우 춥기 때문입니다. 우리가 앞으로 횡단해야 할 지방은 서만자보다 훨씬 춥습니다."

"한 달 동안 걸은 뒤 우리는 요동 지방에 접어들 것입니다. 이 지방의 기온은 조금 더 온화하지만, 주민들은 결코 호의적이지 않습니다. 교우들 또한 아주 잠시라도 우리에게 은신처를 제공하려 들지 않을 것이라 예상했습니다. 이 지방 교우들은 유럽인들에게 엄청난 두려움을 갖고 있습니다. 우리가 그들의 편견을 바꿀 수 없다면 좋든 싫든 간에 외교인들에게서 묵을 곳을 찾아야 할 것입니다.

음력 11월 초 우리는 [조선] 국경에 인접한 지역 가운데 장이 열리는 곳에 닿을 것입니다. 그곳에서 우리는 어쩔 수 없이 수많은 비신자들 속에서 섞여 지내며 국경을 수비하는 중국인 관병들에 둘러싸여 고립된 채로 지내게 될 것입니다. 이들은 시장 상인들에게 강제로 금품을 요구하고 외국인들을 살피기 위해 일부러 그곳에 있습니다.

가능하다면 저희는 작은 노점을 하나 차릴 것입니다. [변문에 열리는 장에서] 장사를 하는 척하며 조선인들이 오기를 묵묵히 기다릴 것입니다. 그들이 온다는 것을 전제로 말씀드리면, 그들이 오게 된다면 저희는 조선에 들어가게 될 것입니다. 선하신 하느님께서 원하신다면 말입니다.

저희는 매우 위태로운 상황에 있습니다. 설상가상으로 저와 함께 여행하는 이들은 용기도 능력도 없습니다. 그나마 이러한 여행을 감행하기를 원했던 이 세 명을 찾을 수 있었다는 것도 운이 좋았다고 말할 수 있습니다. 어쨌거나 저는 이러한 위험한 시도의 결과에 대해 그리 걱정하지 않습니다. 하느님의 섭리대로 그분의 손에 저를 내맡기며 온갖 위험을 무릅쓰고 마침내 이 여정의 끝에 닿게 되기를 빕니다.

다음 편지에서 이어서 말씀드리겠습니다."

1835년 10월 5일 서만자(서달단)에서
갑사의 주교이며 조선 대목구장
바르텔레미

1835년 10월 7일 브뤼기에르 주교는 더없이 행복해하며 떠났다. 네댓 주 뒤에는 조선 국경에 있을 것이고, 그가 그토록 바라던, 그가 사랑하는 선교지, 그 "약속의 땅"으로 들어갈 채비를 하고 있을 것이다. 그리고 그 약속의 땅에 들어가면, 그의 표현을 빌자면 "환난과 고통의 급류"가 그에게 들이닥치게 될 것이다. 그는 그곳에서 순교의 종려나무 가지를 꺾게 되기를 희망했다.

브뤼기에르 주교는 불굴의 의지로, 피로와 위험은 고려하지 않은 채, 또다시 고난의 여행을 감행했다. 때로는 찌를 듯 높은 산들을 넘고, 빼곡한 숲들과 드넓은 황야를 횡단해야 했다. 그것도 영하 30도 이하의 강추위에, 강도들과 맹수들과 마주칠 위험을 감수하면서 말이다. 그러나 그의 건강은 너무도 쇠약해 있었다.

서만자의 라자로회 장상 물리 신부는 이렇게 썼다. "그는 극심한 두통으로 매우 고통스러워했고, 그의 지친 위장은 거의 모든 음식을 거부했으며, 아주 간신히 걸을 수 있었다." 브뤼기에르 주교도 자신이 매우 쇠약한 상태임을 잘 알고 있었다. 하지만 그는 어떻게 해서든지, 그를 만나러 올 조선인 교우들과의 약속을 지키고자 했다.

그는 만리장성과 차하얼성 사이를 지나, 누루얼후산맥les Monts Norto[43]을 옆에 두고, 흥안령산맥[44]을 따라 걸었고, 위장현Weitchang의 숲을 가로질렀다. 그가 도착한 마을은 박해를 피해 도주해 온 교인들이 숨어 사는 곳이었는데, 폭은 좁고 길이가 12-13리외 정도인 외진 골짜기로 '펠리쿠別龍溝' 또는 '인접한 골짜기들'(Gorges Contiguës)[45]이라 불리는 곳이었다. 브뤼기에르 주교는 십여 일 동안 300킬로미터가 넘는 길을 지나왔는데, [약속 장소인 변문까지 가려면] 앞으로 500킬로미터 정도를 더 가야 했다.

산서에서 만났던 벗 알퐁소 디 도나토Alfonso di Donato 신부는 파리에 보낸 편지에서 브뤼기에르 주교에 관해 이렇게 썼다. "그는 너무도 피곤한 상태로 '마가자'(馬架子, Ma-kia-tse)라 불리는 벽촌에서 멈췄습니다."

브뤼기에르 주교는 요동으로 가게 해 줄 남경 주교의 허락을 기다리기 위해 도로변에 자리한 어느 교우 집에 잠시 머물렀다. 그곳의 주인인 장Tch'ang이라는 회장은 그 골짜기[마가자]에 사는 중국인 교우들이 주일과 축일에 모이는 공소이며 경당으로 사용하는 세 칸짜리 작은 집을 그에게 내주었다.

이 용감한 신앙 고백자들은 주교를 모신다는 기쁨 속에서 한동안 그들과 함께 지내도록 그를 붙잡고 싶었으나 브뤼기에르 주교는 가능한 한 빨리 떠나고자 했다. 그곳에 도착한 바로 다음 날,

그는 일을 성사시키는 데 필요하다고 생각한[변문의 약속 장소에 무사히 도착하기 위하여] 마지막 준비를 했다. 곧 현지 외교인들의 의혹 어린 시선을 피하고자 머리를 깎고 중국식으로 머리를 땋았다.

브뤼기에르 주교의 선종

저녁 식사를 마친 뒤였다. 일행이 브뤼기에르 주교의 머리를 땋고 있을 때 그는 급작스러운 병으로 쓰러지고 말았다. 그들은 서둘러 서만자 본당의 주임인 곽 신부에게 알렸다. 곽 신부는 물리 신부가 조선 국경까지 브뤼기에르 주교와 동행하도록 함께 보낸 중국인 사제였다. 그에게는 브뤼기에르 주교에게 사죄경과 종부성사를 줄 시간밖에 없었다. 그 골짜기[마가재]의 중국인 교우들은 이렇게 말했다. "주교님은 갑작스러운 뇌출혈로 쓰러지셨고, 얼마 지나지 않아 마지막 숨을 거두셨습니다. 그분의 아름다운 영혼은 하늘 나라로 떠났습니다."

브뤼기에르 주교는 그가 귀감으로 삼았던 프란치스코 하비에르 성인처럼, 그의 선교지로 들어가려던 순간 마흔셋의 나이에 갑자기 쓰러졌다. 선교지로 들어갔더라면 분명 영혼들을 구원하고 순교의 화관을 받기를 원했으리라. 그러나 하느님께서는 당신의 충실한 종이 그동안 거둔 풍요로운 상급만으로도 충분하다고 판단하셨다.

비통한 소식은 곧바로 산서 주교와 모방 신부, 그리고 서만자의 라자로회 신부들에게 전해졌다. 이 소식을 전한 사람은 조선 국경까지 브뤼기에르 주교와 동행하고자 일부러 함께 왔던 산서의 안내인이었다.

서만자에서 브뤼기에르 주교의 지시, 곧 조선에서 주교와 합류하라는 지시를 기다리기로 했던 모방 신부는 어떻게 해야 했을까? 극심한 고통에 마음이 꿰찔리듯 아팠지만, 훌륭한 선교사로 하느님의 뜻을 받아들이는 데 익숙했던 그는 지체 없이 중요한 결단을 내렸다. 곧 브뤼기에르 주교를 대신하여 조선의 국경으로 가기로 한 것이다. 그리하여 1835년 11월 1일, 브뤼기에르 주교가 서만자를 떠난 지 24일 뒤 모방 신부는 주교가 갔던 길을 그 홀로 떠났다.

모방 신부가 마가자에 도착했을 때 주교의 시신은 아직 매장되지 않은 상태였다. 그는 주교의 유해 앞에서 하염없이 흐르는 눈물과 함께 기도를 바쳤다. 존경하는 고인의 벗 샤스탕 신부가 오기를 기다리고 싶었으나 사천 지방에 있는 그가 올 때까지 기다리기에는 시간이 없었다.

　1835년 11월 21일, 복되신 동정 마리아의 자헌 기념일에 모방 신부는 브뤼기에르 주교의 장례 미사를 장엄하게 집전했고, 라자로회 소속으로 브뤼기에르 주교의 눈을 감겨 드렸던 중국인 곽 신부가 복사를 섰다. 마가자 인근의 교우들도 모두 장례 미사에 참석하여 이 위대한 주교에게 예를 갖추어 경의를 표했다. 브뤼기에르 주교의 유해는 인근 언덕 경사면에 자리한 교회 묘지에 묻혔다. 그의 무덤 봉분 앞에는 다음과 같이 적힌 비석이 세워졌다. "사제들의 으뜸, 고귀한 소 주교의 무덤(鐸首 蘇公之墓)" 그리고 중국식으로 그의 사망일이 적혔다.[46]

　1912년, 이 소박한 비석은 백색 돌(벨기에인들은 '프랑스 돌'이라 부르는)로 만든 아름다운 십자가로 바뀌었다. 이 백색 돌 십자가는 브뤼기에르 주교 조카의 아들이 보낸 돈으로 마련된 것이었다.

사후 96년 만의 조선 입국

그리하여 브뤼기에르 주교는 동몽골 지역 펠리쿠의 골짜기 선교사들과 교인들 사이에 잠들었다. 그런데 조선의 사제들, 특히 조선 대목구의 주교들은 오래전부터 그곳에 묻힌 브뤼기에르 주교를 기억했다. 그리하여 1931년, 브뤼기에르 주교가 조선의 첫 번째 대목구장으로 임명된 지 백 주년을 맞아, 용사 중의 용사였던 그의 유해를 그가 약속의 땅으로 여겼던 조선으로 모시고 오겠다는 결정을 내렸다.

96년 전 중단된 마지막 여정을 브뤼기에르 주교는 이제야 비로소 마치게 된 것이다. 그가 서만자를 떠나기 전 동료 신부들과 『전교회 연보』에 그의 다음번 여행 이야기를 들려주겠다고 했던 약속이, 이로써 지켜질 수 있었다.

브뤼기에르 주교의 무덤을 지켜 온 중국인 신부들이 그 지방 [동몽골 대목구] 주교인 아벨Abels 주교⁴⁷의 지시에 따라 무덤을 개봉했다. 그의 유해는 주석으로 만든 함에 수습되었는데, 이 함을 다시 나무 곽에 담아 신부들이 봉천(심양)까지 운구했다. 그곳에서 주교의 유해를 전해 받은 블루아Blois 주교⁴⁸는 [조선의 주교들에게] 이렇게 편지를 썼다.

"여러분의 첫 대목구장의 오랜 여정의 마지막 단계가 무사히(세관 검역에서 발생할 수 있는 번거로운 일을 암시하는 말이다.) 마무리되기를 바랍니다. 그분의 유해는 제가 인도받았고, 프와요Poyaud 신부⁴⁹가 내일 서울로 모시고 갈 것입니다. 돌아가신 뒤 처음으로 파리외방전교회 회원들 가운데 계시게 되었으니, 저희는 최선을 다해 그분께 예의와 존경을 표했고, 오늘 아침 프와요 신부는 주교님의 유해를 모시고 위령 미사를 노래로 바쳤습니다."

1931년 9월 24일, 프와요 신부가 경성[서울]에 도착했다. 브뤼기에르 주교가 마침내 그의 선교지에 들어오게 된 것이다. 그 자리에는 조선 최초의 주교회의 총회를 마치고 다 함께 모여 있던 다섯 명의 조선 주교들이 그를 기다리고 있었다.

1931년 10월 15일 장례식이 장엄하게 거행되었다. 전날 저녁 서울의 뮈텔 주교[50]와 많은 신부들과 교우 몇 명이 참석한 가운데 브뤼기에르 주교의 유해함이 개봉되었다. 정성껏 감싸진 상태로 모셔 온 그의 유골들은 새로운 관에 인체의 형태로 다시 공손히 모셔졌다.

[종현] 대성당은 장례식을 위한 휘장들로 장식되었다. 보좌 주교 라리보 주교[원서는 드브레드Devred 주교[51]]가 미사성제를 주례했다.[52] 뮈텔Mutel 주교가 배석했고, 20여 명의 사제들과 두 명의 신학생, 그리고 많은 이들이 함께했다.

이어 브뤼기에르 주교의 유해는 그가 선택했던 동료들 곁에 안장되었다. 곧 그의 후임자였던 복자 로랑 앵베르Lauren Imbert 주교, 두 명의 선교사인 복자 피에르 모방Pierre Maubant 신부와 자크 샤스탕Jacque Chastan 신부 곁에 나란히 묻혔다. 이들은 1925년 7월 5일 열렬한 신앙과 불굴의 용덕을 지녔던 다른 76명의 조선 순교자들과 함께 시복되었다. 이 복자들과 함께 브뤼기에르 주교는 육신의 부활을 기다리고 있다.

이제 브뤼기에르 주교를 기리며 남긴 몇 사람의 매우 귀중한 증언을 소개하며 이 글을 끝맺고자 한다.

먼저 그의 세 동료가 남긴 증언을 살펴보기로 하자. 브뤼기에르 주교를 대신하여 조선에 들어가고자 급히 달려갔던 모방 신부는 이렇게 썼다.

"주교님이 겪으신 온갖 결핍과 피로와 고통은 극심한 것이었음에도, 인도(시암을 말한다.)의 타는 듯 뜨거운 날씨 속에서도, 드넓은 중국 대륙을 횡단할 때에도, 달단 지방의 극한의 추위 속에서도 금욕을 지키고자 하는 마음이 열렬하여 단식을 엄격히 행하셨습니다. 그분은 기도 또한 소홀히 하지 않으셨습니다. 매주 많은 기도를 하셨고, 다른 무엇보다 당신의 벅찬 계획이 성공할 수 있도록 날마다 기도하셨습니다. … 그분의 마지막 말씀은 그분의 온 생애와 같았습니다. '하느님의 뜻이 이루어지기를 빕니다.'"

참으로 지고한 성덕이지 않은가?

브뤼기에르 주교와 함께 페낭 신학교에서 친밀하게 지냈고, 귀감이 되는 주교의 모습을 보고 그와 함께 조선에서 순교하기로 결심한 샤스탕 신부의 증언은 이러하다.

"저는 모방 신부와 함께 조선에 도착했고, 감사의 마음으로 가득 차 감사의 주교를 불러 주신 주님의 계획을 찬미했습니다. 주님께서 감사의 주교를 부르신 것은 그가 이 고장에 들어오도록 하기 위함이 아니라 그 길을 준비하기 위함이었습니다. 그리하여 신중함과 지혜의 탁월한 영감으로 그분과 긴밀하게 결합된 두 동료가 이 땅에 들어오게 된 것입니다."

산서의 주교로, 브뤼기에르 주교와 함께 1년을 지냈던 알퐁소 디 도나토 주교는 파리외방전교회 본부에 보내는 편지에서 이렇게 썼다.

"그는 예수 그리스도를 위하여 많은 고난을 겪었으니 상급을 받을 만합니다. 그는 지금은 하늘 나라에서 그의 선교지[조선]를 위하여 전구하고 있다는 것을 우리는 굳게 믿습니다. … 제게 이렇게 말한 적이 있습니다. '저는 이방의 땅에서, 달단에서 죽을 겁니다.'"

과연 그의 예언은 그대로 이루어졌다. 주님의 뜻이 이루어지소서Fiat.

그의 후임자들 가운데 한 사람으로 얼마 전[1933년] 선종한 뮈텔 주교는 이렇게 말하곤 했다.

"그분이 우리 모두에게 보여 주신 놀라운 귀감을 언제나 눈앞에 지닐 수 있었으면 좋겠습니다."

현재[1938년] 조선의 대구에서 사목 중인 드망즈Demange 주교[53]는 "조선의 거룩한 첫 주교에 대한 기억을 결코 잊지 않기를" 간절히 바랐다.

1894년 그로프Groef 신부[54]는 이 용감한 선교사를 두고, "그의 순교를 향한 여정"에서 그를 멈추게 할 수 있었던 것은 오직 죽음뿐이었다고 말한 바 있다.

"그 무엇도 힘이 넘치는 이 영혼을, 그의 꺾이지 않는 의지를 막을 수 없었다. … 조선에서 그를 기다리는 것이 순교임을 알면서도 그는 쉬지 않고 걸었다. 결국 하느님께서 그를 멈추게 하셨다. 하지만 이는 그를 하늘 나라로 옮아가게 하기 위함이었다. 그곳에서 이제 그는 그의 자녀들[교우들]과 동료들이 피를 흘려 거둔 승리에 참여하고 있다. 하느님 앞에서 그들에게는 이 보호자가 필요했던 것이다. 박해자들의 분노가 여러 차례 조선 교회의 많은 교우들을 죽이고 순교자들의 피로 조선 교회를 익사시키려 했으나 [브뤼기에르] 주교가 저 높은 하늘에서 그의 소중한 선교지를 굽어살피고 있었던 것이다."

브뤼기에르 주교의 원무덤을 지키는 소임을 맡았던 마가자의 선교사는 그의 편지를 이러한 말로 끝맺었다. "이따금 저는 낙심할 때 [브뤼기에르 주교의 무덤을 찾아] 낮은 목소리로 기도를 바치며 순교자에게 전구를 청합니다. 그러면 다시 새 힘을 얻고 걸어갑니다." 그의 무덤을 지켰던 또 다른 선교사들도 마찬가지로 그와 비슷한 편지를 썼다.

끝으로 그가 많은 글들을 써 보냈던 『전교회 연보』에서 그를 어떻게 표현했는지를 살펴보기로 하자.

『전교회 연보』는 그의 부고를 알리며 이렇게 그를 소개했다.

"브뤼기에르 주교, 위대한 주교, 눈부신 순교자, 오늘날의 성인."

고향 레삭도드에서 거행된 추모 미사

브뤼기에르 주교 사후 9년째 되던 해인 1844년 11월 15일, 그의 고향 레삭도드 본당에서 브뤼기에르 주교의 추모 미사가 거행되었다.

시암 선교지의 대목구장을 지냈으며 당시 프랑스에 있었던 쿠르베지 주교[55]는 브뤼기에르 주교의 친지들을 방문하고자 레삭도드 본당을 찾았다. 브뤼기에르 주교가 시암 대목구장 플로랑 주교의 보좌 주교였다가 초대 조선 대목구장이 되었을 때, 쿠르베지 주교가 브뤼기에르 주교를 뒤이어 시암의 보좌 주교가 되었다. 쿠르베지 주교는 고인에 대한 존경의 마음을 유족들에게 표하고, 고인에 대한 추억과 각별한 우정을 전하고자 했다.

존경하는 고인을 기리는 추모 미사에는 레삭도드 본당의 주임 사제인 에티엔 젤리스Etienne Gélis 신부, 선교사 조셉 브뤼엘Joseph Bruel 신부 등도 참석했다. 이들과 함께 우리는 고인을 위해 죄의 용서를 청하는 기도를 드렸다.

우리는 또한 유족에게 존경하는 고인에 관한 영속적이고 신심 어린 추억을 남겨 주고 싶었다. 우리는 브뤼기에르 주교의 형제로 유족의 가장이며 레삭도드 고향집의 소유주인 루이 브뤼기에르 씨에게 [브뤼기에르 주교의 유품인] 보라색의 외투와 금도금된 가슴 십자가를 전달했다. 이는 브뤼기에르 주교가 시암 대목구 보좌 주교로 있던 당시 항상 소지하고 다녔던 유품들로, 그가 중국 마카오에서 조선 선교지를 향해 떠나기 며칠 전 [시암 대목구로] 돌려보냈던 것이었다.

우리는 추모 미사가 거행되는 동안 브뤼기에르 주교를 상징하는 표식들을 들고 있었다. 루이 브뤼기에르 씨는 깊은 존경의 마음으로 이 유품을 받았고, 우리는 유족들이 이 유품들을 잘 보관하리라 굳게 믿는다.

위에 적은 바에 의거하여, 우리는 서명과 인장을 넣은 공문서를 작성했고, 이를 위에 언급한 유품과 함께 잘 보관하도록 유족에게 전달했다.

[서명자 명단]

시암 대목구장이며 비도폴리스 주교 힐레르[쿠르베지 주교]

레삭도드 본당 주임 E. 젤리스

카네의 본당 주임 샤를 타일르페르

선교사 조셉 브뤼엘

생나제르 본당 주임 바이락

퐁쿠베르트 본당 주임 조셉 아르노

루비아 본당 주임 마티유 부데

필립빌 병원 원목 담당 폴 베르토미유

루이 브뤼기에르, 브뤼기에르 2세(1893년 사망), 프랑수아즈 브뤼기에르, 클로틸드 브뤼기에르, 베르토미유 1세, 베르토미유, 피에르 베네, 베네 2세, 레옹스 베네, 이조린느 베네, 라부카리에 부인, 루퀴에, 델로드, 밤므, 레삭도드 시장 귀우 앤 귀우.

     1844년 11월 15일 레삭도드에서 작성함

 브뤼기에르 주교가 그토록 애정을 가진 레삭도드 본당은 그의 이름을 결코 잊지 않을 것이다. 그가 유년 시절 살았고 신학생 시절과 신학교 교수 시절 방학을 보냈던 고향집은 지금은 아무도 살지 않지만 여전히 그대로 있다. 우리 [카르카손] 교구에는 브뤼기에르 주교를 기억하고 그에게 합당한 경배를 드리는 수많은 친지들이 곳곳에 흩어져 살고 있다.

그의 유족 가운데 한 분이 브뤼기에르 주교를 기리며 레삭도드 성당 안 정문 맞은편에 대리석 기념판을 세웠다. 또한 영웅적이고 거룩한 선교사였던 브뤼기에르 주교를 더욱 잘 알리고자 이 작고 조촐한 책을 출간했다. 필자는 이 책이 그가 하느님의 영광을 위하여 펼쳤던 크나큰 마음과 놀라운 위업을 마땅히 기리는 데 충분치 않음을 잘 알고 있다.

그가 섬기며 명예롭게 했던 교회가 그의 공로를 선포하고 그의 성덕을 인정할 날이 언젠가 오리라고 희망할 수 있을까? 이는 오직 하느님만이 아실 것이다. 다만 우리가 할 수 있는 일은 그렇게 되기를 희망하는 것이다. 그렇게 된다면 우리 카르카손 교구에는 새로운 영광이 될 것이고, 그의 동포들에게는 마땅한 자랑이 될 것이다.

초대 조선 대목구장
'하느님의 종' 브뤼기에르 소蘇 주교

역주譯註

1부 출생에서 파리외방전교회로 떠나기까지

카르카손 소신학교 교사

1. 원문에는 "23년 10개월"로 기록되어 있다.

파리외방전교회에 들어가다

2. 빈첸시오 드 폴(Vincent de Paul, 1581-1660년) 사제가 1625년 설립한 선교 사제회. 라자로회 또는 빈첸시오회라고도 한다. 본부가 파리 생라자로 거리에 있었기 때문에 '라자로회[라자리스트]'라는 별칭으로 불렸다.

2부 보르도에서 마카오까지의 여정

아시아 선교지로 떠나다

3. 바르브 신부(Jean-Pierre Barbe, 1801-1861년): 1826년 1월 29일 사제품을 받고 브뤼기에르 신부와 함께 2월 5일 시암 선교지로 발령을 받고 떠났다. 페낭 신학교에서 잠시 교수직을 맡았고, 1829년 시암 선교지를 맡

앉다. 1856년에는 미얀마 선교지에서 활동했다.
4. 목적지에 닿아야 답신을 받을 주소를 알려 줄 수 있는데 아직은 항해 중이라 그럴 수 없다는 뜻이다.
5. 바타비아(자카르타)는 자바섬 서북쪽에 위치한 항구 도시로, 네덜란드인들이 건설한 식민 도시였다.
6. 누벨올랑드Nouvelle-Hollande는 지금의 서부 오스트레일리아 지역을 의미한다.

3부 시암 선교사

페낭에서의 활동

7. 대목구와 대목구장: '대목구'(代牧區, Vicariatus Apostolicus)는 교황이 직할하는 교구를 설정하고, 명의 주교를 대목구장으로 임명해 "교황을 대신해"(代) 교구를 사목(牧)하도록 한 제도로, 스페인과 포르투갈의 독점적인 선교 보호권Padroado을 견제하고 무력화하기 위해 마련되었다.

8. 플로랑 주교(Esprit-Marie Florens: 1762-1834년): 1786년 사제품을 받고 1787년 1월 시암 선교지로 파견되었다. 1812년 4월 12일 시암 대목구장으로 주교품을 받았고, 브뤼기에르 신부를 보좌 주교로 택해 1829년 주교 서품식을 가졌다. 이후 브뤼기에르 주교가 조선 파견을 희망하자 이를 승낙했다. 그의 사도적 열정과 인내는 후배 선교사들에게 아름다운 귀감이며, 그의 겸손과 청빈의 정신은 위대하다는 평가를 받는다.

9. 코친차이나: 17-18세기 응우옌 왕조가 다스리던 지역을 유럽인들이 부르던 외래 지명으로, 지금의 베트남 남부에 해당한다. 응우옌 왕조는

1802년부터 1945년까지 143년간 유지된 베트남의 마지막 왕조이다.
10. 민망 황제(明命帝, 1820-1842년 재위): 베트남 응우옌 왕조 제2대 황제. 대외적으로 쇄국적인 자세를 취하며 그리스도교를 탄압했다.
11. 1822년 전교회 창설과 함께 발행된 격월간지 『전교회 연보』는 회원들에게 선교지 소식을 전하며 기도와 후원을 독려하는 역할을 했다. 『전교회 연보』에 조선 교회 관련 기사가 처음 등장한 때는 1830년으로, 바로 브뤼기에르 주교가 가족에게 보낸 편지가 실리면서부터이다. 브뤼기에르 주교의 여행기와 편지 등이 모두 이 잡지에 실렸고, 1834년부터 「조선 선교지Mission de Corée」라는 고정 칼럼이 생겼다.

마침내 방콕

12. 플로랑 주교의 전임자는 가르노Garnault 주교로, 1810년 10월 플로랑 주교를 그의 후임자이자 보좌 주교로 지명했다. 시암 선교지를 위해 헌신하다 1811년 3월 선종했다.
13. 아유타야(또는 쥬타야): 방콕에서 80킬로미터 정도 떨어진 옛 아유타야 왕국의 수도. 태국 종교와 문화의 근간인 도시이다.
14. 원서에 불어로 된 지명은 1930년대 유럽식 표기라 현재의 지명 표기를 따랐다.

4부 시암 대목구의 보좌 주교

페낭에서의 사목 활동

15. 오늘날 이름은 몰레마인(또는 몰러먀잉)으로, 1826년부터 1852년까지

영국령 버마(현 미얀마)의 수도였다. 이후 몽족이 집중적으로 거주하면서 대규모 도시로 발전했다. 현재 미얀마에서 세 번째로 큰 도시이다.

인근 교우촌 사목 방문

16. 브뤼기에르 주교는 파당섬과 니아스섬에 각각 베라르 신부와 발롱 신부를 파견했다. 그러나 1832년 이 두 선교사가 모두 순교하였고, 이 일로 브뤼기에르 주교는 두 선교사를 파견하여 죽게 만들었다는 비난을 받는 아픔을 겪어야 했다.

5부 조선을 향한 여정 – 브뤼기에르 주교의 중국 여정

조선 대목구장으로 임명되다

17. 세기 대주교(Jose Segui, 1773-1845년): 아우구스티노회 소속 스페인 출신 선교사로, 1795년 필리핀에 파견되었고, 이후 20년 동안 중국과 필리핀에 그리스도교를 전했다. 1830년 10월 마닐라 대교구장으로 임명되었다.

18. 샤스탕 신부(Jacques Chastan, 1803-1839년): 103위 순교 성인 가운데 한 분. 1826년 사제품을 받고 1827년 1월 파리외방전교회에 입회하여 마카오에 파견되었으나 마카오에서 조선 파견을 자원했다. 이후 그의 바람은 즉시 이루어지지 못했고, 페낭 신학교에서 교수직을 지냈다. 브뤼기에르 주교가 페낭에서 조선으로 향해 떠날 때 조선 선교사로 받아들여졌다. 마침내 샤스탕 신부는 1833년 3월 마카오를 거쳐 9월 중국 복건성에 도착한 뒤 중국 대륙과 만주를 가로질러 조선 국경

에 닿았다. 하지만 그의 입국을 도울 조선 교우를 만나지 못하고 북경으로 되돌아왔고, 이후 산동 지방에서 2년 동안 사목 활동을 펼치며 입국의 때를 기다렸다. 브뤼기에르 주교 선종 1년 뒤인 1836년 말 변문을 통해 조선 입국에 성공하여 1837년 1월 14일 한양에 도착했다. 1838년 조선 남부에서 사목 활동을 펴고 유구섬에 회장을 보내기도 했다. 1839년 기해박해가 일어나자 앵베르 주교, 모방 신부와 함께 자수하여 9월 21일 새남터에서 순교했다.

19. 왕 요셉은 중국 소주[쑤저우] 출신의 페낭 신학교 신학생이었다. 건강상의 이유로 학업을 중단할 수밖에 없었는데, 당시 페낭 신학교 교장이었던 롤리비에 신부가 그를 브뤼기에르 주교에게 적극 추천했다. 왕 요셉은 조선을 향한 브뤼기에르 주교의 선교 여정을 처음부터 끝까지 함께했다.

마카오를 지나 복안으로

20. 복안[푸간]의 현재 지명은 푸젠성福建省 닝더시宁德市 푸안福安이다.
21. 1833년 당시 복건 대목구장은 스페인 성 도미니코수도회 소속 디아즈(Roque-Jose Carpena Diaz, 1760-1849년) 주교였다. 그는 1791년 중국으로 파견되어 1812년 10월 복건 대목구장이 되었다.
22. 모방 신부(Pierre Maubant, 1803-1839년): 103위 순교 성인 가운데 한 분. 1829년 사제품을 받고 1831년 파리외방전교회 입회. 1832년 3월 중국 사천 대목구로 발령받아 마카오를 향해 가던 도중 브뤼기에르 주교를 만나 조선으로 함께 가겠다고 자원했다. 1835년 10월 20일 브뤼기에르 주교가 갑작스레 선종하자 그를 대신하여 조선에 입국했고, 1837년 12월 앵베르 주교가 입국하기 전까지 아픈 샤스탕 신부의 몫

까지 맡아 성무 활동을 펼쳤으며, 1839년 9월 21일 앵베르 주교와 샤스탕 신부와 함께 새남터에서 순교했다. 1984년 시성되었다.

23. 당시 사천 대목구장은 이탈리아 토리노 지방 이브레아 출신의 루이스 폰타나(Louis Fontana, 1781-1838년) 주교였다. 폰타나 주교는 1807년 통킹을 비롯하여 페낭, 마카오 등지에서 머물렀으며 사천 선교지로 파견되었다. 1817년 사천 대목구장으로 임명되었고, 1832년 조선과 일본을 파리외방전교회가 맡기를 바란다는 바람을 파리 본부에 편지를 보내 피력했다. 1837년 5월 14일 브뤼기에르 주교 후임으로 조선 대목구장으로 임명된 앵베르 주교의 성성식을 직접 집전했다.

24. 여항덕 파치피코 신부(1795-1854년?): 교황청 포교성성 직할 나폴리 예수 그리스도 성가정 신학교 출신의 중국인 사제로 1831년 1월 사제품을 받고, 포교성성에 의해 조선에 파견되었다. 포르투갈 라자로회 소속 남경 교구장 겸 북경 교구장 서리인 페레이라 주교에게 조선 선교에 필요한 모든 직무와 자금을 받기로 하고 1832년 12월 북경에 도착했으며, 1834년 1월 조선에 입국했다.

강서에서

25. 북경에서 항주[항저우]를 잇는 대운하로 '경항 대운하'로도 불린다. 브뤼기에르 주교는 그의 여행기에서 이 운하를 자세히 소개하고 있다.

26. 브뤼기에르 주교가 여행기에서도 표기한 이 '강녕부'라는 도시가 정확히 어디인지는 알 수 없으나, 명나라 말기 행정 구역에서 강남 지역에 속하는 8개 부府 가운데 하나인 '강녕부江寧府'로 추정된다. 중국 선교지별 지명들을 정리한 『Catalogus Omnium Civitatum』을 보면 강녕부의 중국어 발음 표기가 'Ciam-nan-fu'로 되어 있고, 1811년에 나

온 『강녕부지江寧府志』를 영어로 『Local history of Chiang-ning fu, Kiangsu Province to 1811』로 소개하기 때문이다.

27. 피레스 페레이라 주교(Caetano Pires-Pereira, 1769-1838년): 포르투갈 출신 라자로회 소속 선교사. 1804년 남경 교구장 주교로 임명되었고, 1806년 북경에서 구베아 주교의 주례로 남경 교구장으로 주교 서품식을 가졌다. 그러나 청나라 황제 가경제의 천주교 박해령으로 남경으로 돌아가지 못하면서 1827년 북경 교구장 서리로 추가 임명을 받았고, 1838년 선종할 때까지 32년 동안 남경 교구장 겸 북경 교구장 서리 주교로 북경에 억류된 채 지냈다.

강남에서

28. 여기서 직예 또는 직례(直隸, Zhíli[즈리])는 청나라의 직례성直隸省을 말한다. 직례는 '직접 통치한다.'라는 뜻을 갖고 있다. 베이징 일대의 직할시라 볼 수 있는 직례성은 직례 총독直隸總督이 직접 관리 감독했는데, 직례 총독은 지방 장관으로서 최고직에 해당하며 직례성, 하남성, 산동성의 총독으로 군과 민을 모두 통괄했다.

절강에서 강소로

29. 원문에는 산서Chang-si로 표시되어 있으나 위치로 보면 절강성(浙江省저장성)에 접한 강소성(Kiang-sou, 江蘇省장쑤성)이 맞기에 수정 표기하였다. 브뤼기에르 주교의 여행기에도 Chang-si로 동일하게 표시되어 있으나, 브뤼기에르 주교의 중국 대륙의 이동 경로(복건-강남-강소-산동-산서)로 볼 때 강소성로 보아야 맞다. 중국 지명의 혼동에 의한 저자의 오기誤記가 아닐까 한다.

산둥 지방

30. 브뤼기에르 주교의 여행기를 보면 직예 지방으로 나온다.

31. 브뤼기에르 주교의 여행기를 보면, 노잣돈을 요구하는 도형수들과 브뤼기에르 주교의 길 안내인들 사이에 몸싸움이 벌어진 일화가 나온다. 참고로 명나라와 청나라 시기에는 유배를 떠나는 죄수에게 노잣돈을 주는 관습이 있었다.

산서에서

32. 브뤼기에르 주교의 여행기를 보면 1833년 10월 10일에 도착했다고 나온다.

33. 살베티 주교(Gioacchino Domenico Salvetti, 1769-1843년): 이탈리아 피렌체 출신으로 1787년 작은형제회에 입회했다. 1793년 산서와 섬서 대목구장으로 임명되었고, 1817년 주교 성성식을 가졌다. 1843년 선종할 때까지 26년 동안 산서와 섬서 대목구장을 지냈다.

34. 태원부太原府: 현재의 '타이위안'. 2,500년의 유구한 역사를 지닌 산서성의 옛 도시로. 옛날에는 '진양', '용성' 등으로도 불렸다.

35. 산서 대목구장 살베티 주교의 주교관의 위치와 관련하여, 앵베르 주교는 "사천성에서 달단의 서만자로 가는 여정"에서 '기현'으로 소개하며, 태원부에서 하루 남짓이 걸리는 거리에 있다고 기록했다. 기현은 지금의 중국 산서성 중부에 위치한 진중시 치현이다.

36. 브뤼기에르 주교는 부모에게 보낸 1834년 6월 6일 자 편지에서, 이 사람을 강희 황제의 손자로 소개했다.

6부 브뤼기에르 주교의 선종

달단으로 떠나다

37. 도나토 신부(Alfonso-Maria di Donato, 1783-1848년): 작은형제회 소속 이탈리아인 선교사로 1843년 살베티 주교 후임으로 산서 대목구장이 되었다.

38. 앵베르 주교(Laurent Imbert, 1796-1839년): 103위 순교 성인 중 한 분. 1818년 파리외방전교회에 입회하여 1819년 12월 사제품을 받았다. 1820년 3월 사천 포교지를 향해 출발하여 싱가포르를 거쳐 페낭 신학교에서 9개월 동안 가르쳤다. 1822년 마카오에서 사천으로 가는 직로가 폐쇄되면서 코친차이나를 거쳐 통킹에서 2년 동안 머물며 성무 활동을 폈다. 1825년 운남을 통해 들어간 사천 대목구에서 모팽 신학교를 세우는 등 12년 동안 사목 활동을 했다. 파리외방전교회가 조선 선교지를 맡게 되었음을 알게 되자 조선 파견을 자원했고, 갑작스럽게 선종한 브뤼기에르 주교의 뒤를 이어 1836년 4월 26일 감사 주교 명의로 제2대 조선 대목구장이 되어 1837년 5월 14일 성성식을 가졌다. 같은 해 8월 사천 대목구를 떠나 10월 말 서만자에 도착, 심양을 거쳐 12월 18일 조선에 입국했다. 이후 조선 교회 재건을 위해 많은 활동을 펼치다 1839년 기해박해가 일어나자 교우들을 보호하고자 모방 신부와 샤스탕 신부에게 자수를 권하고 함께 순교했다.

서만자에서

39. 1835년 6월 17일 브뤼기에르 주교는 모방 신부와 함께 서만자 인근 토굴로 은신했다.

40. 가즐랭 신부(François Isidore Gagelin, 1799-1833년): 1822년 베트남 선교사로 파견되어 그곳에서 사제품을 받았다. 1833년 1월 베트남 민망 황제의 박해령에 따라 박해가 재개되자 관헌들에게 스스로 사제임을 밝히고 자수하였고, 그해 10월 17일 감옥에서 교살되었다. 가즐랭 신부는 19세기, 베트남에서 순교한 최초의 프랑스 선교사로 1900년에 시복되었고, 1988년 요한 바오로 2세 교황에 의해 시성되었다.

41. 물리 신부(Joseph Martial Mouly, 1807-1868년): 라자로회 소속 프랑스 선교사. 1834년 라자로회의 선교 지역인 서만자로 이동해 온 물리 신부는 브뤼기에르 주교에게 많은 도움을 주었다. 그는 1840년 몽골 대목구가 신설되면서 초대 대목구장이 되었고, 1846년에는 북경 교구장 서리로, 1856년에는 북경 대목구장으로 임명되었다.

42. 모방 신부는 서만자에 머물며 브뤼기에르 주교의 지시를 기다리는 중이었으나 1835년 11월 1일 갑작스러운 비보를 듣자마자 브뤼기에르 주교가 선종한 마가자로 가서 장례 미사를 거행하였다. 이후 브뤼기에르 주교의 유지를 받들어 변문에서 만나기로 약속한 조선 교우들을 만나 입국했다.

조선을 향한 마지막 여정

43. 원문에는 "les Monts Norto"로 나와 있다. 이 단어만으로는 정확한 현재의 지명을 찾기 힘들지만, 발음의 유사성으로 볼 때 지금의 내몽골 자치구 남동부 츠펑[적봉]시 남쪽에 위치한 누루얼후 또는 노노아호努魯兒虎산맥으로 판단되어 '누루얼후산맥'으로 옮겼다.

44. 원문에는 "les Monts Hing-Nan-Chan"으로 나와 있다. 위와 마찬가지로 이 단어만으로 현재의 지명을 확인하기는 어렵다. 위치적으로

볼 때 지금의 내몽골 자치구에 속한 훙안령산맥으로 추정된다. 몽골어로 "힝간Hinggan"으로 불리는데, 'Hinggan'을 'Hing'와 'an'으로 나눠 표기하고, 산을 뜻하는 'Chan'을 덧붙인 것이 아닐까 유추하여 힝간산맥, '훙안령산맥'으로 옮겼다.

45. 현재는 내몽골 자치구 적봉[츠펑]시 송산[쑹산]구 동산이다.

브뤼기에르 주교의 선종

46. "도광 15년 8월 29일[1835년 10월 20일(양력)]"

사후 96년 만의 조선 입국

47. 아벨 주교(Conrad Abels, 1856-1942년): 네덜란드 출신의 무염시태 성모성심회 소속 선교사. 1897년부터 동몽골 대목구장을 지냈다.

48. 블루아 주교(Jean-Marie Blois, 1881-1946년): 파리외방전교회 소속 선교사. 프랑스 낭트 출신으로 1905년 사제품을 받은 뒤 남만주[봉천] 대목구로 파견되었다. 1921년 남만주 대목구장으로 임명되었고, 1922년 드망즈 주교의 주례로 주교 성성식을 가졌다. 1933년 블루아 주교의 요청으로 라리보 주교는 만주로 이주한 조선인 교우들의 사목을 위해 두리스부르 신부를 임시로 파견했고, 1937년에는 김선영 요셉 신부를 봉천으로 보내 조선인 교우의 사목을 전담토록 했다.

49. 프와요 신부(Gaston Poyaud, 1877-1960년): 파리외방전교회 소속 선교사. 1903년 사제품을 받고 그해 조선으로 파견되었다. 1903년에서 1910년까지 원주 용소막에서 사목했고, 1910년에는 원산으로 파견되었으며, 1917년부터 용산 신학교 교수를 지냈다. 이후 건강이 좋지 않아 일선에서 물러나 한국 거주 일본인 신자들의 사목을 전담했으며,

1960년 선종했다.

50. 뮈텔 주교(Gustave Mutel, 1854-1933년): 1873년 파리외방전교회에 입회하여 1877년 사제품을 받고 그해 4월 조선 포교지로 발령을 받은 후, 앞선 선교사들이 사목 재치권을 이양받아 지내던 만주 차쿠로 향했다. 가는 도중에 순교자 시복 안건 추진의 책임을 맡았고, 통킹과 일본을 들러 시복 절차를 배운 뒤 차쿠 교우촌에 도착하여 조선어와 중국어를 배우며 입국 준비를 했다. 3년 뒤인 1880년 11월 18일 리우빌 신부와 함께 조선 입국에 성공하여 황해도 배천 지역에서 사목 활동을 시작했다. 1885년 극동 아시아 선교 지역 대표로 임명되어 파리외방전교회 참사 겸 신학교 교수로 교리와 전례를 가르쳤다. 1887년 2월 갑작스럽게 선종한 블랑 주교의 뒤를 이어 1890년 8월 밀로Milo의 명의 주교로 조선 대목구장이 되었고, 그해 9월 21일 파리에서 주교 서품식을 가졌다. "피어나소서, 순교자들의 꽃들이여Florete, flores martyrum"라는 사목 표어에서 알 수 있듯이, 뮈텔 주교는 일평생 순교자들의 시복 시성을 위해 힘썼으며, 박해의 시기와 신앙의 자유 시기를 모두 겪은 경험 때문인지 교회 수호적 입장에서 정교 분리 방침을 고수했다. 1933년 1월 12일 선종할 때까지 무려 43년간 조선 교회를 이끌었으며, 방대한 분량의 일기를 남겼다.

51. 드브레드 주교(Emile Devred, 1877-1926년): 1894년 파리외방전교회에 입회하여 1899년 9월 사제품을 받고 1900년 1월 25일 조선에 입국했다. 원주 지역에서 사목 활동을 시작하여 1906년 용산 신학교 교수를 맡았다. 1914년부터 1919년까지 동원령을 받고 제1차 세계 대전에 참전했으며, 조선에 돌아온 직후인 1921년 경성 대목구 보좌 주교로 임명되어 그해 5월 1일 주교 서품식을 가졌다. 개정된 교회법에 따

른 조선 포교지 지침서의 개정, 병인박해 순교자들에 대한 교구 수속, 교리서 편찬 등을 추진했다. 이렇게 과중한 업무들을 쉴 틈 없이 행하던 가운데, 뇌출혈로 쓰러져 1926년 1월 18일 선종했다.

52. 위의 주 51에서 알 수 있듯이 드브레드 주교는 1926년에 선종했다. 1931년 브뤼기에르 주교의 유해 송환 당시 경성 대교구 보좌 주교는 라리보Adrien Larribeau 주교였다.

53. 드망즈 주교(Florian Demange, 1875-1938년): 1895년 파리외방전교회에 입회하여 1898년 6월 사제품을 받고 그해 8월 조선으로 파견되었다. 1899년 4월 부산에서 사목 활동을 시작하여 1900년 용산 신학교 교수로 임명되었고, 1906년 창간된 경향잡지 출판 책임을 맡았다. 1911년 신설된 대구 교구의 초대 교구장으로 임명되었다.

54. 그로프 신부(Jacque de Groef): 무염시태 성모성심회 소속 동몽골 대목구 선교사로, 아벨 주교를 보좌했다.

고향 레삭도드에서 거행된 추모 미사

55. 쿠르베지 주교(Jean-Paul Hilaire Courvezy, 1792-1857년): 브뤼기에르 주교와 마찬가지로 나르본 교구 출신으로, 1832년 브뤼기에르 주교의 뒤를 이어 1832년 시암 대목구의 보좌 주교가 되었다. 1834년 선종한 플로랑 주교를 이어 시암 대목구장을 맡았으며, 1844년에는 선교지 대목구장직을 사임하고 프랑스로 와 있었다.